Beltz Taschenbuch 809

W0229173

Über dieses Buch:
Die Pubertätszeit stellt Eltern und Jugendliche auf eine harte Probe. Einerseits wollen die Jugendlichen schon als Erwachsene behandelt werden und fordern dies mit allen ihnen zur Verfügung stehenden Mitteln ein, andererseits sind sie es aber noch nicht – ihrer zur Schau gestellten Überlegenheit und allen schnoddrigen Antworten zum Trotz. Hinzu kommt: Die Jugendlichen wollen sich abnabeln und eigene Wege gehen, aber es fällt vielen Eltern schwer, sie gehen zu lassen.

Den Jugendlichen zu helfen, selbstständig zu werden, sie loszulassen und ihnen Halt zu geben, da zu sein, zuzuhören, sie ernst zu nehmen, sie an Entscheidungsprozessen zu beteiligen und ihnen gleichzeitig klare Leitlinien aufzuzeigen, erscheint dann wie die Quadratur des Kreises.

Elisabeth Raffauf lässt Eltern ausführlich berichten und gibt praxiserprobte Antworten aus der Sicht der Psychologin, sie lässt aber auch Jugendliche selbst zu Wort kommen. Deren Erziehungs-Tipps für Eltern, oft von durchschlagender Logik und ausgeprägtem psychologischem Instinkt, können helfen, den eigenen Blickwinkel zu erweitern. Vergleiche des Umgangs mit Pubertät zu anderen Zeiten und in anderen Kulturen ergänzen den Ratgeber.

Die Autorin:
Elisabeth Raffauf, Diplom-Psychologin und Mutter zweier Kinder, leitet u.a. Gruppen für Eltern pubertierender Jugendlicher an einer Erziehungsberatungsstelle. Sie ist Autorin mehrerer Erziehungsratgeber.

Elisabeth Raffauf

»Das können doch nicht meine sein!«

Gelassen durch die Pubertät

Besuchen Sie uns im Internet:
www.beltz.de

Alle in diesem Buch vorkommenden Namen sind frei erfunden.

Beltz Taschenbuch 809

2 3 4 5   04 03 02 01

© 2000 Beltz Verlag, Weinheim und Basel
Umschlaggestaltung: Federico Luci, Köln
Umschlagabbildung: © Bavaria Bildagentur, München
Satz: Satz- und Reprotechnik GmbH, Hemsbach
Druck und Bindung: Druckhaus Beltz, Hemsbach
Printed in Germany

ISBN 3 407 22809 0

Inhaltsverzeichnis

Vitamintabletten gegen Pubertät?

»*Was kann man eigentlich gegen die Pubertät tun?*« – so die Frage einer Mutter in der Gruppe für »Eltern pubertierender Jugendlicher«. »*Vitamintabletten*«, schlug daraufhin eine andere Teilnehmerin vor.

Schön wär's. Und wenn schon keine Vitamintabletten, so wünschen sich die meisten Eltern pubertierender Jugendlicher doch wenigstens ein paar handfeste Tipps oder »Zehn goldene Regeln« für brenzlige Situationen. Das würde ihnen vielleicht die Sicherheit geben, die sich so viele wünschen: »*Wenn meine Tochter wieder die Türen knallt, dass mir Hören und Sehen vergeht, wenn mein Sohn mich wieder als Nervensäge oder gar Stresstante bezeichnet, müsste ich mich wenigstens nicht in Tränen auflösen, bräuchte keine Drohungen aussprechen oder vollstrecken. Dann wüsste ich ganz genau: ›So und so musst du dich verhalten und das Symptom ist kuriert.*‹« Wie mit Vitamintabletten.

Eine Ahnung, dass dieser »Sache« mit Vitamintabletten nicht beizukommen ist, haben wohl die meisten von uns. Aber wie dann?

Dass die Pubertät etwas ist, wovon man Abstand halten muss, darüber scheint sich die gesamte Umwelt der Wesen, um die es hier geht, im Klaren zu sein: »*Meine jüngeren Geschwister sagen mir heute, ich wäre damals so doof gewesen, hätte überhaupt nicht mehr mit ihnen gespielt*«, erzählt die 19-jährige Eva in Erinnerung an die Distanz, die irgendwann zwischen ihr und ihrer Familie eingekehrt ist.

Immer wieder kommen in unsere Gruppen Eltern, deren Kinder noch gar nicht in der Pubertät sind. »*Wir wollten schon mal sehen, was uns da erwartet*«, heißt es dann oder:

»Auf die Geburt eines Kindes bereitet man sich doch auch in Schwangerschaftskursen vor, wieso nicht auch für die Pubertät?«

Pubertät, das scheint auf jeden Fall etwas zu sein, das Eltern zu schaffen macht. Das wissen auch die Kinder. Eine Tochter entschuldigte ihre Mutter, die nicht zur Gruppe kommen konnte, mit den Worten: *»Meine Mutter kann heute leider nicht in die Gruppe ›gestresster Eltern‹ kommen.«*
Einige Kinder versuchen schon vorbeugend beruhigend auf ihre Eltern einzuwirken. Manche haben den Streit, der zu Hause an der Tagesordnung war, als die älteren Geschwister in der Pubertät waren, noch lebhaft in Erinnerung.
Der jüngere Sohn einer Gruppenteilnehmerin versicherte seiner Mutter ganz aufrichtig: *»Pubertät, da geh ich nicht hin.«* Ein anderer, ebenfalls in Sorge über die Ängste seiner Eltern, erklärte: *»Ich komm aber nicht in die Qualität, ganz bestimmt nicht.«*

Was eigentlich ist Pubertät? Wann fängt das an? Wie lange dauert das? Und vor allem: Wann hört das wieder auf?

Das sind Fragen, die viele Eltern beschäftigen.
Den Zahn mit den goldenen Regeln müssen wir den Teilnehmern und Teilnehmerinnen unserer Gruppen schon gleich zu Anfang ziehen. So einfach ist es leider nicht. Jede Situation ist anders, jedes Kind ist anders und die Eltern sind eben auch verschieden. Wie bei allen anderen Entwicklungsphasen haben die Veränderungen, die in der Pubertät anstehen, eine große Bandbreite. Bei manchen Jugendlichen hat man den Eindruck, sie erleben gar keine Pubertät, bei anderen geht die spürbare Pubertätszeit ganz schnell vorüber, bei wieder anderen befürchten die

Eltern, dass es überhaupt nicht mehr aufhört. Und doch treten Situationen auf, die in fast allen Familien ähnlich sind, und dafür können Eltern sich gegenseitig Tipps und Ratschläge aus eigener Erfahrung geben. Es gibt auch grundsätzliche Hinweise, die Eltern beachten können, etwa im Umgang mit der Clique der Tochter oder des Sohnes. So sollte man niemals die Freunde der Kinder schlecht machen, auch wenn man sie lieber vor der Tür als hinter der Tür sehen würde, oder, wenn es um den Umgang mit dem wichtigen Thema »Grenzen setzen« geht, Konsequenz statt Strafen walten lassen.

Tipps und Anregungen in diesem Buch stammen aus ganz verschiedenen Quellen, aber hauptsächlich von denjenigen, die mit der Situation vertraut sind, d.h. den Eltern aus unseren immer gut besuchten so genannten »Elterntreffs«. Hinzu kommen aber auch nützliche Hinweise von Psychologen, Pädagogen, Philosophen und Historikern. Ganz besonders danken möchte an dieser Stelle meiner Kollegin Angela Krüger.

Vergleiche im Umgang mit Pubertät zu anderen Zeiten und in anderen Kulturen sollen helfen, den manchmal eingeschränkten Blickwinkel auf die eigene »Misere« zu erweitern.

Und um für Verständnis für »die andere Seite« zu werben, kommen die »Betroffenen« zu Wort, also die Jugendlichen im Alter zwischen 12 und 19 Jahren. Sie geben immer wieder Hinweise: *»Wie sollten Eltern sich verhalten?«* und *»Was sollten sie auf jeden Fall vermeiden?«*

Zum Beispiel meint Jan, 17 Jahre alt:

»Eltern sollten versuchen, die ›Macken‹ der Pubertät zu respektieren und ihre Kindererziehung langsam auf eine ›Erwachsenenerziehung‹ umzustellen. Oft fühlen sich pubertäre Kinder wie Kleinkinder behandelt.«

1. Kapitel

»Das können doch nicht meine sein!«

Nicht Kind und auch noch nicht erwachsen

Gerade war alles noch friedlich. Und dann, nur wegen dieser kurzen, ganz normalen Frage, wie es denn um die Hausaufgaben stehe, bricht plötzlich ein Trommelfeuer los: nervtötende Anspielungen, ob Eltern sich denn nicht um ihren eigenen Kram kümmern könnten. Sodann steht der Sohn oder die Tochter wutschnaubend auf, die Türen knallen, und für Stunden werden die Eltern keines Blickes mehr gewürdigt.

Ob Schule, Kleidung, Freundeskreis oder Aufräumen – das Ergebnis ist immer dasselbe:»Kontra«, Rebellion gegen alles, insbesondere wenn es von den Eltern kommt. Auch sonst ist vieles nicht mehr, wie es war: Bislang muntere, aufgeschlossene Kinder ziehen sich nach der Schule mit einer Tüte Chips auf ihr Zimmer zurück, hängen stundenlang unterm Kopfhörer, am Computer, vor dem Fernseher oder am Telefon, haben keine Lust mehr auf den bislang geliebten Saxophonunterricht oder das Handballtraining. In vielen Fällen sinken die Schulleistungen.

Manche waschen sich überhaupt nicht mehr, andere blockieren stundenlang das Badezimmer, um jede Unreinheit in ihrem Gesicht zu betrachten und sich pfundweise Gel in die Haare zu schmieren, sodass Eltern händeringend betteln, wenigstens noch eine morgendliche Katzenwäsche machen zu dürfen, bevor sie ins Büro hechten.

Parallel dazu verändert sich der Körper: Die Schamhaare sprießen, der Busen wächst und wird – scheinbar paradox – gut sichtbar vor den Eltern versteckt.

Gelegenheit für ein Gespräch mit dem Kind allein gibt es sowieso nur noch selten, denn meistens treten die Jugendlichen im Rudel auf, futtern den Kühlschrank leer und fragen anschließend gerade noch, ob sie am Samstag auf die (Techno-)Party gehen dürfen. Wehe, wenn nicht!

Schön und gut, aber soll das in dieser Weise die nächsten Jahre weitergehen?

Irgendwann kommen einem Zweifel.»Das können doch nicht meine sein, das sind doch nicht dieselben, die uns bislang bewundert haben. Sicherlich, die Zeiten, dass Sabine in Papa verliebt war und Thomas Mama heiraten wollte, liegen schon etwas zurück. Aber sie haben uns doch akzeptiert, als Autorität, als Menschen, die wissen, was sie sagen. Und jetzt: Alles stellen sie plötzlich in Frage: ›Du mit deinem Ordnungstick, du hast ja keine Ahnung, dein Rock: völlig uncool, die Rolling Stones: eine Rentnerkapelle und überhaupt‹.«

Kein Stein bleibt mehr auf dem anderen. Da soll noch einer sagen, die Jugendlichen hätten nichts mehr, woran sie sich reiben können!

Klagen über die Jugend

Mütter und Väter, die unsere Elterngruppen besuchen, sind anfangs häufig voll der Klagen über ihre Kinder:»*Mir steht das Wasser bis zum Hals, ich weiß nicht mehr, was ich tun soll*«, berichtet eine Mutter,»*mein Sohn kommt und geht, wann er will, ich habe überhaupt keinen Einfluss mehr. Abgesehen davon, dass ich mit seinem Drang, alles alleine machen zu wollen, überhaupt nicht klarkomme, habe ich doch auch noch eine Fürsorgepflicht, noch ist er ja schließlich nicht erwachsen.*«

In einer gefühlsmäßigen Zwickmühle befinden sich aber auch die Jugendlichen. Ihre Klagen lauten:»*Eltern sind stressig. Die nerven. Es vergeht kaum ein Tag ohne Streit. Sie fragen einen ständig aus, wollen alles wissen, auch Dinge, die sie nichts angehen.*«

Die 19-jährige Judith erinnert sich: »*So mit zwölf fand ich al-*
lein die Tatsache, dass mich alle als ›pubertär‹ bezeichnet ha-
ben, furchtbar.«

Früher war das anders mit der Jugend, könnte man meinen,
aber weit gefehlt:

»Wenn Väter ihre Kinder einfach gewähren und laufen lassen, wie sie wollen, und sich vor ihren erwachsenen Kindern
geradezu fürchten, wenn Söhne schon sein wollen wie die
Väter, also ihre Eltern weder scheuen und fürchten noch sich
um ihre Worte kümmern, sich nichts mehr sagen lassen wollen, um ja recht erwachsen und selbstständig zu erscheinen,
wenn Lehrer vor ihren Schülern zittern und ihnen lieber
schmeicheln, statt sie sicher mit starker Hand auf einen ge-
raden Weg zu führen, sodass sich diese Schüler aus diesen
Lehrern nichts mehr machen, wenn es überhaupt schon so
weit ist, dass sich die Jüngeren den Älteren gleichstellen, ja
gegen sie auftreten in Wort und Tat, die Älteren sich aber
unter die Jungen setzen, um sich ihnen gefällig zu machen,
indem sie ihre Albernheiten übersehen oder gar daran teil-
nehmen, damit sie ja nicht den Anschein erwecken, als seien
sie Spielverderber oder gar auf Autorität versessen: wenn auf
diese Weise die Jungen allmählich aufsässig werden und sich
alsbald verletzt fühlen, wenn ihnen jemand den geringsten
Zwang antun will, wenn sie am Ende dann die Gesetze ver-
achten, um nur ja keinen Gebieter über sich zu haben, so
führt dieser Missbrauch der Freiheit und Demokratie ge-
radewegs in die Knechtschaft der Tyrannis.«[1]

12

Diese Worte stammen nicht etwa von einem verärgerten Lehrer, der vor zehn Jahren voller Elan eine Stelle an einer Gesamtschule angetreten hat und jetzt angesichts der unverschämten Jugend von heute resigniert. Diese Worte sind bereits 2400 Jahre alt. Der griechische Philosoph Plato hat sie damals seinem Lehrer Sokrates in den Mund gelegt.

Auch der chinesische Kaiser Hui-tsung ließ wenig gute Haare an der »verdorbenen Jugend«:

»Drei Dinge auf dieser Welt sind beklagenswert: Das Verderben der Jugend durch falsche Erziehung, das Schänden großartiger Bilder durch gemeinsames Angaffen und die Verschwendung besten Tees durch unsachgemäße Behandlung.«[2]

Pubertät, was ist das schon?

Hört man heutige Eltern und daneben ihre Vorfahren Sokrates und Hui-tsung, so scheint es Klagen über die Jugend und deren Erziehungsberechtigte immer schon gegeben zu haben.

Aber neben den Flüchen auf die verdorbene Jugend gab es auch immer wieder das Gegenteil. Philosophen, Psychologen und Staatsmänner, aber bestimmt auch die einen oder anderen Eltern, für die die heranwachsende Generation der Hoffnungsträger Nummer eins war.

Ganz im Gegensatz zu Sokrates etwa idealisierte sein »Philosophenkollege« Rousseau die Jugend im 18. Jahrhundert. Große Dinge verband er mit ihr: »Für Rousseau ist Jugend gleichbedeutend mit Revolution, sozialem und moralischem Idealismus, Romantik, Natürlichkeit, edler Gesinnung, Wildheit, Leidenschaft. Mit anderen Worten: ›Feurige Jugend‹«.[3] Rousseau galt als einer der »Entdecker« der Pubertät. In seinem Erziehungsroman »*Emile oder Über die Erziehung*«[4] beschäftigte er sich unter anderem mit der Zwangslage, die sich ergibt, wenn ein Kind nach der sexuellen und moralischen Verantwortlichkeit des Erwachsenen greift.

Hochgelobt oder in Grund und Boden verdammt – die Pubertät ist eine Zeit, in der viel im Leben eines Menschen passiert, so, als führen Seele und Körper Achterbahn. Jugendliche fühlen sich einmal hundeelend und sinnentleert und im nächsten Moment wieder als Weltveränderer. Sie könnten einerseits der Welt den Rücken kehren und sich in ihr Schneckenhaus verkriechen und dann wieder Bäume ausreißen und alle hungernden Kinder dieser Erde retten.

Sie interessieren sich fürs andere Geschlecht und springen im nächsten Moment jedem ins Gesicht, der es wagen würde, den Lieblingsteddy in den Keller zu räumen oder die Baby Born zu verschenken.

Wann ist Pubertät und wann hört sie auf?

Eltern stöhnen häufig über zweierlei:»Die Pubertät fängt ja heute viel früher an als früher« und»Sie dauert so lange«.

Medizinisch betrachtet gilt die Pubertät als die Zeit der»Geschlechtsreife«. Dabei zählt die Zeit vom ersten Auftreten sekundärer Geschlechtsmerkmale bis zum ersten Eintritt der Regelblutung, der Menarche bei den Mädchen, bzw. bis zur Reifung der männlichen Keimzelle, der so genannten Spermatozoenreife bei Jungen. Bei Mädchen geht das durchschnittlich früher los. Nämlich zwischen 9 und 17 Jahren. Bei Jungen entwickeln sich die Geschlechtsorgane zwischen dem 12. und dem 17. Lebensjahr.

Dass die Pubertät früher einsetzt als früher, stimmt: Im Jahre 1869 bekamen Mädchen ihre erste Menstruation durchschnittlich im Alter von 15,6 Jahren. 100 Jahre später lag das Durchschnittsalter schon bei 13,3. Und heute liegt es sogar bei 12,5. Als Ursachen dafür sehen Wissenschaftler u.a. die bessere und ausgewogenere Ernährung vom Säuglingsalter an, bessere medizinische Versorgung und Hygiene, Umweltveränderungen und geringere körperliche Belastung in einem Zeitraum, der für die körperliche Entwicklung besonders wichtig ist.[5] Manche Autoren definieren Pubertät als körperlichen Entwicklungsabschnitt, wohingegen für die seelischen Veränderungen häufig der Begriff Adoleszenz benutzt wird.

Wenn Eltern heute von Pubertät sprechen, so meinen sie in der Regel alle Verhaltensweisen, Befindlichkeiten und Veränderungen, die mit den Jugendlichen in dieser Zeit vor sich gehen. Diesem allgemeinen Sprachgebrauch schließe ich mich an. Körperliche und seelische Entwicklung gehen Hand in Hand, d.h. wenn sich die körperliche Reifung nach vorne verlagert hat, so geschieht das auch mit der seelischen, geistigen und sozialen Entwicklung.

Die meisten Autoren unterscheiden heute drei Phasen, die natürlich im Einzelnen variieren können:

⇨ Die erste, die Vorpubertät, reicht vom 11. bis zum 14. Lebensjahr. Einschneidende körperliche, psychische und geistig-seelische Veränderungen, die zu starken Verunsicherungen führen können, finden in dieser Zeit statt.

⇨ Dann folgt die eigentliche Pubertät zwischen dem 14. und 16. Lebensjahr, in der die Heranwachsenden ihre Kindheit abstreifen und beginnen, eine eigene Identität zu entwickeln.

⇨ Als Nachpubertät wird die Zeit zwischen dem 16. und 18. Lebensjahr bezeichnet, wenn sich diese nicht verzögert. (Da können Eltern meistens schon wieder aufatmen.)

Während der gesamten Zeitspanne wird die Beziehung zu den Eltern umgestaltet, und die neuen Erwachsenen finden allmählich in die Gesellschaft.

Pubertät als Phase des Umbruchs

»Es wird langsam immer weniger Kindheit, immer weniger mit Puppen spielen und immer mehr mit Freundinnen über Jungs reden und immer mehr ›Bravo‹. Man wird langsam mehr Frau.«
(Eva, 19 Jahre)

Die Jugendlichen leben in einer Zwischenwelt: Nicht mehr Kind und auch noch nicht erwachsen. Sie pendeln noch hin und her. Dieses Hin und Her bekommen wir auch in unseren Gruppen mit Pubertierenden sehr deutlich zu spüren. Die Elterngruppen sind immer voll, fast alle kommen pünktlich oder entschuldigen sich, wenn sie nicht kommen können. Bei den Jugendlichen wissen wir oft nicht, ob heute alle kommen, noch andere mitgebracht werden oder vielleicht nur zwei anwesend sind. Wenig bis nichts ist wirklich berechenbar.

Ebenso schwer ist es, eine einheitliche Definition für die Pubertät zu finden. Für das, was sich während der Pubertät abspielt, gibt es, je nach Blickwinkel, so viele Meinungen wie Personen im Raum: Hier eine kleine Auswahl:

Pubertät ist …
»… wenn die Eltern einen nicht mehr verstehen.« (14-jähriges Mädchen)
»… wenn Papa nervös wird und Mama Angst kriegt.« (J. Luikh, Psychotherapeut)
»… wenn die Eltern schwierig werden.« (Buchtitel)
»… die Zeit der eintretenden Geschlechtsreife. (Duden)
»… die Zeit, in der sich die Liebe der Kinder zu den Eltern ändert. Die Zeit, in der die Kinder als Kinder gehen.« (R. Neutzling, Autor)
»… eine Neugeburt…, denn die höheren und im engeren Sinne menschlichen Eigenschaften werden jetzt geboren.« (Stanley Hall, Psychologe, Anfang des 20. Jh.)

Nur wenige Beispiele, die zeigen, dass Pubertät offenbar etwas sehr Vielschichtiges, Widersprüchliches, Unterschiedliches ist. Mal liegt die Betonung auf der körperlich-sexuellen Veränderung, mal auf der seelisch-geistigen, und dann wieder sind die Umwälzungen in den Beziehungen angesprochen.

Die Pubertät ist eine Übergangszeit, in der Altes aufhört und man sich auf bisherige Strukturen nicht mehr verlassen kann. Das bedeutet Abschiednehmen von gewohnten und bislang tragfähigen Verhaltensstrukturen und ein Sichhinwenden zu Neuem.

Und jeder, der schon einmal in einer solchen Situation war, der eine neue Stelle angenommen hat oder in eine fremde Stadt gezogen ist, weiß, dass Abschied auch mit Schmerz verbunden ist, und Neubeginn Ängste und Hoffnungen gleichzeitig birgt: *»Adoleszenz bedeutet einen Aufruhr der Gefühle, einen Kampf zwischen dem ewigen Wunsch des Menschen, sich an die Vergangenheit zu klammern, und dem gleichermaßen machtvollen Wunsch, weiterzugehen.«*[6] (Louise J. Kaplan, Psychoanalytikerin).

Vergangenheit und Zukunft prallen mit voller Wucht aufeinander. Klar, dass Jugendliche sich häufig wie im Looping auf der Kirmes fühlen. Sie liegen eine Zeit lang im Widerstreit mit sich selbst – ein Hin und Her zwischen Partys und Teddybären, eigener Sexualität und Kuscheln mit den Eltern, selber über den Umgang mit Schule entscheiden zu wollen oder froh zu sein, klare Hausaufgabenregeln zu haben. Trotz und Abhängigkeit wechseln einander rasch ab, schlimmer noch, es kann passieren, dass diese beiden extremen Haltungen gleichzeitig vorkommen.[7]

»Das Kind, das wir waren, stirbt, um sich zu verwandeln«, und, *»nach einem langen Ringen bringt der Mensch sich am Ende selbst noch einmal zur Welt«*, meint die französische Psychoanalytikerin Françoise Dolto. *»Nun muss er die Verantwortung für sich selbst übernehmen.«*[8]

Anlagen entfalten sich

»Ich bin nicht, was ich sein sollte, ich bin nicht, was ich sein werde, aber ich bin nicht, was ich war.« (Der Psychoanalytiker Erikson über die Phase der Pubertät)

Was läuft eigentlich ab, wenn Eltern das Gefühl haben, sie kennen ihre Kinder nicht mehr wieder? Dass fremde Wesen die Wohnung bevölkern und nichts mehr vertraut ist? Was passiert in der Pubertät und wirkt so massiv auf Jugendliche und Umwelt ein?

Bislang Schlummerndes entfaltet sich, Anlagen kommen zum Vorschein. Rumort hat es vielleicht schon länger, was manche Eltern und Jugendliche auch am so genannten »vorpubertären Verhalten« schon gemerkt haben. So gab es vielleicht mit 11 bereits vereinzelte Situationen, in denen die Kinder ausgeflippt sind, aus der vertrauten kindlichen Rolle fielen und Eltern nur mit Staunen feststellen konnten: »So ein Verhalten kenne ich gar nicht von meinem Sohn oder meiner Tochter.«

Aber Jugendliche sind nicht plötzlich 13, auch wenn es Eltern manchmal so vorkommt. Da gab es, wie in jedem Lebensjahr, 364 Tage davor. Alles neu, ähnlich einer zweiten Geburt – diese Interpretation vieler Pubertätsforscherinnen und -forscher würde ich von daher eher bildhaft verstehen. Tatsache aber ist, dass Gefühlsausbrüche massiv und überraschend auftreten können. Schon kleine Kinder, besonders im Alter von drei Jahren, trotzen, sodass Eltern hilflos davor stehen. »Sie werden von Gefühlen überrollt, mit denen sie noch nicht umzugehen wissen«, meinte die Kinderärztin, als unsere Tochter so weit war. Und sie fügte noch hinzu: »Bleiben Sie ruhig und sprechen Sie das Kind, wenn der Wutausbruch vorbei ist, ganz normal wieder an.«

Vor die Pubertät hat der »liebe Gott« die Latenzzeit gesetzt. Latent heißt verborgen, nicht sichtbar, aber nicht, dass überhaupt nichts da ist. Lediglich findet in der sexuellen Entwicklung des Menschen zwischen dem 6. und 10. Lebensjahr eine Art Ruhepause statt, so als würden sich alle Kräfte sammeln und dann zum großen Sturm blasen. Besser gesagt, zum großen Umbruch.

Sigmund Freud entdeckte, dass bereits das Kind ein »bis auf die Fortpflanzungsfähigkeit fertiges Liebeswesen« ist.[9] Das heißt: Kinder sind weder asexuell noch leidenschaftslos. Sie sind, im Gegenteil, zu den stärksten Gefühlsregungen fähig. Der Glaube an das Kind als reines, liebenswürdiges und unschuldiges Wesen ist eine Mär verharmlosender Erwachsener. Triebwünsche und alle sexuellen Anlagen sind von Anfang an vorhanden.

Pubertät als Chance

»Denn jedem Anfang wohnt ein Zauber inne, der uns erhält und der uns hilft zu leben.« (H. Hesse)

Für »gestresste« Eltern kaum vorstellbar, wurde die Pubertät zu allen Zeiten und an allen Orten der Erde, in Konstantinopel wie in Sambia, im viktorianischen England wie in Arabien, in Frankreich wie in Dresden mit dem »Erwerb von Tugend« in Verbindung gebracht.[10] Im klassischen Altertum war damit gemeint: Klugheit, Mut, Gerechtigkeit, Enthaltsamkeit.

Was sind heutige Tugenden? Zum Beispiel spricht man gerne von »sozialer Kompetenz« und meint damit die Entwicklung des Jugendlichen, der nur Eigenes im Kopf hat, hin zu einem reifen Menschen, der sich auch für andere stark macht.

Das Deutsche Jugendinstitut hat Erziehungsziele der Eltern in Deutschland ermittelt. Dabei rangieren »Selbstvertrauen« und »Verantwortungsbewusstsein« auf den ersten Plätzen. Dicht gefolgt von »Selbstständigkeit« und »Verantwortung für Andere«. (Deutsches Jugendinstitut, Familien-Survey, 1991).[11]

Pubertät also als Chance, sich hohen Zielen wenigstens anzunähern. Und für den Anthropologen Bruce Lincoln ist die Jugendzeit ein »mit Ereignissen und Entwicklungsmöglichkeiten prall gefüllter Erfahrungsraum«.[12] Kaum vorstellbar, dass in dieser Zeit des Streitens und Rumhängens, des Prüfens, Misstrauens, der Selbstliebe und der Selbstzweifel, genau das passieren kann, was Eltern sich wünschen: Dass Jugendliche tatsächlich lernen, sich abzunabeln, rauszugehen in »die Welt«, ihre Selbstliebe hintanzustellen und ein Gefühl für andere zu entwickeln.

Neue Möglichkeiten und neue Lösungswege können sich öffnen, und noch können die Jugendlichen ihr neues Verhalten in einer Art Schonraum ausprobieren. Sie müssen noch nicht die vollen Konsequenzen für ein kaputtes Auto oder eine Straftat tragen: Vor Gericht gelten sie in Deutschland noch als Jugendliche und werden nach dem Jugendstrafrecht beurteilt.

Wie können Eltern sich verhalten?

Bei der Wucht, mit der Jugendliche manchmal zu Hause ihr Interesse durchzusetzen versuchen, und nach einer Zeit, in der Eltern schon alle Register gezogen haben – weiche Welle, harte Strafen, Verzweiflung, Tränen, Hilflosigkeit, geduldiges Reden –, ist die Frage: »Was können wir tun?« nicht so ganz einfach zu beantworten.

Fangen wir mit dem leichteren Teil an: Was können Eltern nicht tun? Eltern können nicht jede Gefühlsregung und jedes Bedürfnis verstehen. Das sollen sie auch gar nicht.

Eine manchmal schwer auszuhaltende Tatsache spricht der Psychoanalytiker Donald W. Winnicott gelassen aus: Heranwachsende Jungen und Mädchen wollen nicht verstanden werden. Sie wollen ihre Erfahrungen selber machen und deshalb ist die Pubertät ein »Lebensabschnitt«, der gelebt werden muss, immer wieder neu. Die Heilung für die Adoleszenz, so meint er, »liegt im Verstreichen der Zeit«. Er bezeichnet Jugendliche als »asozial«.[13]

Da bleibe mal einer ruhig, wenn die Kinder »sich« mit Drogen ausprobieren, die Schule schmeißen wollen oder sich, für Eltern offensichtlich, den »falschen Freunden« an den Hals hängen. Und dennoch können Jugendliche gerade jetzt keine Menschen gebrauchen, die alles besser wissen oder alles und jedes zum Heldentum stilisieren. Ebenso wenig hilft es ihnen, wenn Eltern ihre Probleme nicht so wichtig nehmen, sie herunterspielen oder die Augen vor ihnen verschließen. Was sie brauchen ist Halt und Unterstützung. Eltern, die da sind, die sich für sie interessieren und gegebenenfalls stark machen, die aber auch ihre Grenzen setzen. Auch Gelassenheit ist immer wieder eine wichtige Formel.

Darum soll es in den folgenden Kapiteln gehen.

»Denk daran, die Jugendlichen sind ›asozial‹, sage ich jetzt immer zu meiner Frau und dann müssen wir lachen«, erzählt ein Gruppenteilnehmer.

2. Kapitel

»Du sollst es einmal besser haben.«

Der Einfluss der eigenen Erfahrungen

»Sag' nur, wie trägst du so behaglich der tollen Jugend anmaßliches Wesen? Fürwahr, sie wären unerträglich, wär' ich nicht auch unerträglich gewesen.« (J.-W. Goethe)

Spätestens wenn wir Kinder haben, fragen wir uns: Wie war es denn damals bei uns? Wie bin ich aufgewachsen? Mit welchen Freuden? Mit welchen Schmerzen? Wie haben meine Eltern mich erzogen? Denn bei der Erziehung der Kinder sind Eltern immer mit mindestens zwei Kindern konfrontiert: mit dem Kind, das vor ihnen steht, und mit dem eigenen, inneren Kind. Deswegen stellen wir in unseren Elterngruppen häufig die Frage:

»Können Sie sich noch an ihre eigene Pubertät erinnern?«

Manchen Eltern fällt das schwer, aber andere können sich spontan in diese Zeit zurückversetzen: *»Ich weiß noch, dass ich selber immer gelogen habe«*, erklärt eine Mutter, *»aber dass mein Sohn mich anlügt, möchte ich nicht. Er tut es aber trotzdem«*. Andere Eltern wiederum erinnern sich nicht so gerne an »früher«. Niederlagen, Verzweiflung und schwierig zu meisternde Situationen gab es in der Pubertät offenbar zur Genüge.[14]

Jugenderinnerungen verdeutlichen Parallelen zwischen Erlebnissen und Empfindungen aus der eigenen Kindheit und solchen, die einem heute als Eltern begegnen. Sie helfen, weiterzufragen: Sind für mich die Lügen meines Sohnes deshalb so schlimm, weil ich meine Not erinnere, die ich damals hatte, als ich so vieles verbergen musste und das nicht klappte? Oder hängt es von meinem Verständnis der Mutterrolle ab, dass ich es als so schlimm empfinde, belogen zu werden?

»Ich habe große Schwierigkeiten, Grenzen zu setzen«, erzählt Ulrike M., Mutter von zwei Söhnen im Alter von 15 und 17 Jahren. Seit zwei Jahren lebt sie von ihrem Mann getrennt. Die Söhne wohnen bei ihr, haben jedoch häufig die Möglichkeit, den Vater zu treffen. Für die Trennung sei der Alkohol der Hauptgrund gewesen. Als Alleinerziehende nimmt sie ihre Erziehungsaufgaben sehr ernst. *»Thomas, der jüngere Sohn, wollte vor kurzem mit Freunden übers Wochenende zum Zelten fahren. Ich war dagegen, ein ganzes Wochenende, ältere Jungs waren dabei und auch Mädchen.«* *»Papa würde das sofort erlauben«*, erklärten ihr die Jungs. *»Letztendlich habe ich mich nicht getraut, es zu verbieten.«* Sie habe das Gefühl, sie müsse beide Elternteile gleichzeitig verkörpern. Ihr Problem sei immer noch die Trennung, ihren beiden Söhnen gegenüber empfinde sie deshalb enorme Schuldgefühle.

Im Laufe des Gespräches stellt sich heraus, dass Frau M. selbst im Alter von 14 Jahren ihren Vater verloren hatte. Darunter hat sie sehr gelitten. Heute hat sie das Gefühl, ihren Söhnen durch die Trennung von ihrem Mann dasselbe Schicksal angetan zu haben. In ihrem Mitgefühl für ihre Söhne wiederholt sich ihr eigener Jugendschmerz. Diese Erinnerung und ihr Schuldgefühl machen sie unfrei, Entscheidungen in Bezug auf die Erziehung zu treffen.

Ob Eltern es wollen oder nicht, die eigene Jugend holt sie in besonderem Maße wieder ein, wenn die Kinder Jugendliche werden. Im Falle von Frau M. wiederholt sich in ihren Augen für ihren Sohn ihr eigenes Schicksal, das sie so schmerzlich in Erinnerung hat. Das Erkennen dieses Zusammenhangs macht ihr zumindest intellektuell klar: *»Hier mischt sich was Eigenes in die*

Erziehung. Das hat mit der Situation, in der sich meine Söhne befinden, nichts zu tun.«

Die Erinnerung an Empfindungen und Erlebnisse aus der eigenen Kindheit birgt Chancen für beide Seiten: Sie relativiert unter Umständen das bislang als unmöglich befundene Verhalten des Sohnes oder der Tochter, wenn Eltern sich beispielsweise fragen: »Warum habe ich damals meine Eltern belogen?« oder »Wie habe ich mich als Kind gefühlt, als ich keinen Vater mehr hatte?«.

So eröffnet sich die Möglichkeit, einerseits mehr Verständnis für die Kinder zu entwickeln und auf dieser Ebene besser in Kontakt mit ihnen zu kommen. Andererseits kann man auch klarer differenzieren: Inwiefern hat meine heftige Reaktion mit dem Verhalten des Kindes zu tun und inwiefern vielleicht mit meinen eigenen Jugenderlebnissen? So erzählte ein Vater: *»Mich haben die Schulschwierigkeiten meines Sohnes wahnsinnig aufgeregt, bis ich mich an die eigene Kindheit erinnert habe: Was für ein Horror es für mich damals gewesen war, Tests zu schreiben und dem Druck standzuhalten. Nachdem mir das wieder eingefallen war, konnte ich etwas gelassener mit meinem Sohn umgehen.«*

Das hat es früher nicht gegeben

»Jugend siehe Alter«, erfuhren 1896 Wissbegierige, die sich über das Thema aus Meyers Konversationslexikon schlau machen wollten.[15] Das spricht Bände: Die Jugend kam als »Jugend« gar nicht vor.

Im Mittelalter gab es keine Jugendzeit im heutigen Sinne. »Sobald das Kind von Amme und Mutter unabhängig war, gehörte es der Gesellschaft der Erwachsenen an, in der es seine bestimmten Rollen hatte und Aufgaben zugewiesen bekam: Mitarbeit im Haus, im Handwerk, beim Kühe- oder Gänsehüten, aber auch bei Festen und in der Dorfgemeinschaft.«[16]

Manche Eltern denken mit Wehmut an die eigene Jugend zurück. Das, was sie erinnern, ist »heil«, nach dem Motto: »Früher war alles besser.« – »In unserer Jugend war viel mehr los, wir haben Streiche gespielt, immer was ausgeheckt, jedes Kind hatte seine Pflichten, seinen Platz im Leben. Heute müssen die Kinder ständig Programm geboten bekommen, Mütter müssen ihre Kinder rumkutschieren. Früher haben wir selber gesehen, wie wir mit dem Fahrrad zu Freunden oder zum Tanzen kamen.«

Wenn Eltern in ihrer Jugendzeit besonders aktiv waren und ihre Kinder heute lieber fernsehen oder »rumhängen«, stoßen diese »unnützen Vorlieben« gelegentlich auf wenig Verständnis: *»Ich erinnere mich an Situationen, als Nadja so 14 oder 15 Jahre alt war, und mittags noch im Bett gelegen hat. Da hab ich gedacht: Wie kann ein Mensch so viel schlafen, wo das Leben so spannend ist. Da bin ich rein in ihr Zimmer und hab gesagt: Mensch, du Faulpelz, steh doch mal auf und mach doch mal was.«* (Freya Klier, ehemalige Bürgerrechtlerin, heute als Schriftstellerin und Regisseurin tätig, über ihre Tochter Nadja)[17]

Eltern, die über die Faulheit und das Aufbegehren ihrer Kinder klagen, erinnern sich: »Das hat es bei uns früher nicht gegeben.« – »Wir waren nicht so frech, so schwierig, wir haben getan, was von uns verlangt wurde.« – *»Als ich gerade 14 war, starb mein Vater«*, erzählt Michael B. *»Meine Mutter forderte mich dazu auf, in die Lehre zu gehen. Ich war damals noch zu klein, um einen Arbeitsanzug zu tragen.«* Und auf die heutigen Jugendlichen bezogen, fügt er hinzu: *»Ich kann mir nicht vorstellen, dass meine Tochter mit 14 Jahren morgens um sechs Uhr aufstehen würde.«* Unverständnis schwingt in seinen Worten. Aber auch Bitterkeit: Wir haben doch auch gearbeitet, haben uns abgemüht. Wenn man was erreichen will, muss man auch was dafür tun. Und was machen die Jugendlichen, für die wir alles getan haben? Sie fordern nur, geben patzige Antworten, sacken in der Schule ab oder ziehen sich komplett zurück. Einige Wochen später erzählt Herr B. der Gruppe über die Hintergründe von damals und dabei glänzen seine Augen für einen kurzen Moment: »*Als Junge wollte ich Dirigent werden. Ich hatte schon früh Klavierunterricht und bin zweimal die Woche 15 km weit zu meiner Lehrerin geradelt. Musik hat mir unglaublichen Spaß gemacht. Um Dirigent zu werden, hätte ich dann auf eine Musikschule gehen müssen. 150 Mark hätte das gekostet. Meine Mutter konnte und wollte das nicht aufbringen. ›Spinn du ruhig weiter‹, hat sie zu mir gesagt. Damit war der Traum gestorben.*«

Gerade Eltern, die selber eine strenge Kindheit hatten, in der es keinen Raum zum »Pubertieren« gab, tun sich manchmal schwer, ihren eigenen Kindern diesen Raum zu geben, ihnen etwas zuzubilligen, was sie selbst nicht hatten. Ein Vater erzählt: »*Ich erwische mich häufig dabei, wie ich denke: Wieso soll der das jetzt dürfen, ich durfte das doch früher auch nicht.*«

Die Pubertät der Kinder kostet die Eltern in vielerlei Hinsicht Nerven. Es gibt Zusammenstöße ebenso wie Zusammenbrüche, Endlosdiskussionen und heftigste Kritik. Manche Eltern nehmen ihren Kindern vielleicht übel, dass sie selbst sich immer so »erwachsen« verhalten müssen und kaum über ungeplante, unkontrollierte Momente verfügen können. Denn viele müssen eigene Träume erst einmal zurückstellen, haben teilweise oder ganz ihren Beruf aufgegeben, bis die Kinder aus dem Haus sind. Und dabei sollen sie auch noch tolerant bleiben.

Raum für den Übergang

Um den Übergang in die Erwachsenenwelt möglichst kurz und die unbändigen Triebe »im Zaum« zu halten, gab und gibt es in einigen Kulturen Übergangsrituale:

Zu den Initiationsriten einiger Jäger- und Sammlergemeinschaften gehörten Verstümmelungen des Körpers: »Das Abhacken des kleinen Fingers über dem letzten Glied, das Ziehen eines Zahnes, das Abschneiden des Ohrläppchens, Einritzungen auf Gesicht, Brustkorb, Rücken, Beinen und Armen, Heraus-schneiden der Klitoris, Einritzung oder Entfernung der Vor-haut.« Der Anthropologe van Gennep berichtet weiter: »Der menschliche Körper wurde wie ein einfaches Stück Holz be-handelt, das jeder so zurechtschnitzte, wie es ihm gefiel: was herausragte, wurde weggeschnitten, Trennwände durchbrochen, flache Flächen mit Schnitzereien versehen…«[18] Bei den Haut-ritzungen symbolisierte die Narbe den Zusammenprall von Vergangenheit und Zukunft: Der gegenwärtige Augenblick tritt hervor, er zehrt von der Vergangenheit und erschafft gleichzei-tig die Zukunft. Lasterhaftes und Triebhaftes sollte durch diese Rituale gebannt und Tugenden sollen erworben werden.

Das Ziel, ein langes, nervenzehrendes Hin und Her abzukür-zen, war auch der Sinn des Rituals, das es bei den alten Griechen gab: Im alten Griechenland musste ein junges Mädchen, wenn es »mannbar« wurde, ihr Spielzeug der Liebesgöttin Aphrodite weihen. Das Mädchen ging in den Tempel der Göttin und hängte es dort auf. So forderte es die Sitte.[19]

Ein Pubertätsritual, das Klarheit schafft, wäre heute vielleicht auch manchmal erleichternd, aber wir haben es in dieser Form nicht. Im Gegenteil, wir haben eine lange Pubertät. Und für viele Schwierigkeiten, die sich dadurch ergeben, sieht der Kindheits-forscher Philippe Ariès als »Übeltäter« die Schule. »Die Jugend«, so sagt Ariès, »begann mit der Schule«. Früher mussten Jugend-liche arbeiten, heute gehen sie länger zur Schule, wohnen länger zu Hause, und es gibt Raum, um sich auszuprobieren. In der Pubertät werden neue Möglichkeiten eröffnet, aber um dahin-zukommen, muss das Alte in Frage gestellt werden, und das tun die Jugendlichen ausführlich. Die Frage ist nur: Haben sie Raum dafür?

Der Analytiker Winnicott macht darauf aufmerksam, dass es ein Zeichen einer gesunden Gesellschaft ist, »wenn Teenager zum richtigen Zeitpunkt Jugendliche sein können«. Damit meint er genau das Alter, in dem auch die pubertäre Entwicklung vor sich geht. So würden Jugendliche auf natürliche Weise erwachsen. Daraus folgert er:»Das kann leicht bedeuten, dass die neuen Erwachsenen von heute Kraft und Stabilität und Reife aufzuweisen haben.« Als Winnicott das schrieb, war die Zeit der Pubertät noch um einiges kürzer als heute. Mittlerweile wohnen Jugendliche länger zu Hause, gehen länger zur Schule, sind später in Brot und Arbeit. Der Ausdruck »Hotel Mama« ist mittlerweile zum geflügelten Wort geworden. Heute stellt sich die Frage, wann der richtige Zeitpunkt gekommen ist zu gehen bzw. ob er nicht viel zu lange auf sich warten lässt.

Wie dem auch sei, wichtig ist, dass es Raum für diesen Übergang gibt und keine »brutalen« Übergangsrituale nötig sind, die in kürzester Zeit aus Jugendlichen Erwachsene machen sollen. Sicher nicht für alle Mädchen, aber vielleicht für manche ist heute statt einer Zeremonie oder eines Initiationsritus ein kleines Fest denkbar: Eine Mutter erzählte mir, dass sie mit ihrer Tochter Eis essen gegangen ist, als sie ihre erste Menstruation bekommen hat. 10-, 11-Jährige, die die Mensis grauenvoll finden, werden das nicht gerne mögen, ältere vielleicht schon.

Mein Kind soll es einmal besser haben

»Ich selbst war als Kind ziemlich oft alleine. Meine Eltern waren beide berufstätig, wenn ich von der Schule nach Hause kam, war niemand da. Das wollte ich meinen Kindern ersparen, sie sollten keine Schlüsselkinder werden. Deshalb hab ich mit der Geburt des ersten Kindes meinen Beruf aufgegeben.« (Diana L., 49 Jahre, Mutter von 3 Kindern)

Diese Konsequenz, die Frau L. aus der Einsamkeit in ihrer Kindheit und Jugend gezogen hat, ist nachvollziehbar. Sie wollte etwas besser machen als ihre Eltern und vor allem: Ihre Kinder sollten es besser haben.

Viele Entscheidungen, Verhaltensänderungen ebenso wie Verhaltens-Parallelen stehen im Zusammenhang mit unseren eigenen Erlebnissen. Wichtig ist, sich bewusst zu machen, dass es häufig keine einfache Wenn-dann-Regel gibt. Wenn ich also das Gegenteil von dem tue, was meine Eltern gemacht haben, ist das noch keine Garantie dafür, dass alles besser wird. Es können dadurch andere Probleme entstehen. So sieht sich Frau L. heute von ihrem fast erwachsenen Sohn mit dem Vorwurf konfrontiert, sie kümmere sich zu viel um ihn, mische sich in alles ein. Das ist das Gegenteil von dem, was sie ihren Eltern vorwirft. Das heißt nicht, dass ihre Entscheidung falsch war. Aber für sie war wichtig, den Punkt zu erkennen, wo sie sich wieder mehr um anderes, eigenes kümmern sollte, um nicht in ein anderes Extrem zu verfallen, um eben nicht den Fehler zu machen, die Kinder auf Schritt und Tritt zu bewachen. Viele Eltern haben Erlebnisse, Erinnerungen an Situationen, Erfahrungen aus der Kindheit, die sie ihren Kindern gern ersparen wollen. »Besser haben« soll es auch der Sohn von Josephine K., der 14-jährige Mathias: *»Mein Mann hat den Hof seines Vaters übernehmen müssen. Der Hof wirft aber nicht viel ab. Wir müssen wahnsinnig schuften, und es kommt nichts dabei herum. Mathias interessiert sich viel mehr für den Hof als für die Schule. Ich ›trete‹ ihn, dass er in der Schule gute Noten bringt. Wir wollen nicht, dass er den Hof übernimmt. Er soll einmal nicht so viel schuften müssen.«*

Aus dem Druck, den Frau K. ausübt, resultiert, dass es zu Hause unentwegt Streit darüber gibt, ob der Sohn sich zu viel um den Hof und zu wenig um die Schule kümmert. Was für uns als Jugendliche vielleicht besser gewesen wäre, muss für unsere Kinder nicht unbedingt gut sein. Unsere Jugendträume müssen sich nicht mit denen unserer Kinder decken. Im Gegenteil, die Wahrscheinlichkeit, dass die Kinder heutzutage andere Jugendträume haben als wir, ist sehr viel größer. Meine Kenntnisse in Wahrscheinlichkeitsrechnung sind zwar nicht so besonders groß, aber offensichtlich scheint es eine Art von Naturgesetz zu geben, dass Kinder erst einmal das Gegenteil von dem wünschen, was ihre Eltern sich damals erträumt haben.

Frau K. bekommt in der Gruppe sehr viele Anregungen von den anderen. Sie wisse doch gar nicht, was der Sohn einmal aus dem Hof machen wird. Vielleicht würde er ja Öko-Bauer oder finde sonst eine lukrative Nische, die Geld einbringen und Spaß machen könne. Am Ende der letzten Sitzung deutet sie an, dass sie sich möglicherweise damit abfinden müsse, dass Mathias es anders haben möchte als sie und ihr Mann.

Ich will alles anders machen

Franz Kafka befürchtete: » *Die Kinder würden einem das heimzahlen, was man selbst an den Eltern gesündigt hat.*« (F. Kafka, Brief an den Vater)

Die eigene Erziehung begegnet einem in vielerlei Hinsicht. Und auf die Frage »Wie bin ich erzogen worden?« folgt die Antwort: »So wie meine Eltern das gemacht haben, will ich es auf keinen Fall machen.« Oder aber: »Ich will meine Kinder genauso erziehen.«

Ganz gleich, ob Eltern alles anders machen als ihre Eltern oder alles ganz genauso sehen, Fehlschläge sind in beiden Fällen vorprogrammiert. Denn beide Verhaltensweisen stehen in Abhängigkeit zu den Eltern. Sinnvoller wäre es, das Verhalten der Eltern abzuwägen, das positive herauszusuchen und das andere zu verwerfen.

Neunzig Prozent aller Männer lehnen ihre Väter als Vorbilder ab. Das hat die Autorin Helgard Roeder in ihrer Untersuchung über Männer und Schwangerschaft herausgefunden.[20] Die Kritik der Männer an ihren Vätern richtete sich übrigens gegen ihr »mangelndes Engagement«, ihre »Abwesenheit« und »Unzulänglichkeit«. Sie wollen sich in der Kindererziehung mehr engagieren als ihre Väter, weniger abwesend sein als diese und kompetenter. Und irgendwann stellen sie mit Schrecken fest:»Ich werde meinem eigenen Vater immer ähnlicher. Ich will meine Ruhe haben, vergrabe mich am liebsten hinter der Zeitung, bin selten zu Hause und weiß mit den Interessen meiner Kinder nichts anzufangen.« Oder auch:»Ich rege mich schnell auf, werde laut, und kriege gar keinen richtigen Kontakt mehr zu meinem Sohn oder meiner Tochter.« Eine Mutter erklärt resigniert:»*Entweder man erzieht so, wie man selber erzogen wurde, nämlich autoritär, oder man macht das Gegenteil. Dazwischen gibt's wohl nichts.*«

Was war gut? — Was war schlecht?

Zwischen dem Erziehungsstil der Eltern und dessen Gegenteil gibt es eine ganze Menge Platz. Wichtig ist, beides auseinander zu halten und sich zu fragen»Erlaube ich meiner Tochter, auf jede Party zu gehen, weil ich als Kind darunter gelitten habe, dass ich abends nie ausgehen durfte?« oder»Ist es jetzt wirklich in Ordnung, dass meine Tochter auf diese bestimmte Party geht? Und treffe ich mit ihr angemessene Absprachen darüber, wann und wie sie nach Hause kommen soll?«. Um sich solche Fragen zu stellen, ist eine Auseinandersetzung mit der eigenen Erziehung hilfreich. Erst dann können Eltern beurteilen, ob es in ihrer Kindheit ein Erziehungsverhalten gab, das sie heute zu Recht ablehnen, oder ob die Maßnahmen ihrer Eltern nicht doch sinnvoll und hilfreich waren, auch wenn sie es damals als Jugendliche noch nicht so sehen konnten und wollten.

Nur ein Immer-wieder-in-sich-Hineinhorchen, genaueres Hinsehen und Abwägen ermöglichen ein unabhängiges und vor allem sinnvolles und den eigenen Kindern angemessenes Verhalten. Nur das bewahrt vor einem in jedem Fall unangemessenen »Schwarz-Weiß-Denken«, »genauso wie« oder »ganz anders als« ist seelisch das Gleiche, lediglich die Vorzeichen sind andere.

Erst wenn Eltern genau hingucken, sind sie auch in der Lage, Dinge, die wirklich in ihrer Kindheit schief gelaufen sind, losgelöst von den Einstellungen der eigenen Eltern neu zu gestalten: »*Zärtlichkeit, Umarmungen hat es bei uns früher nicht gegeben. Ich kann mich nicht erinnern, dass meine Mutter mir mal einen Kuss gegeben hat. Wir machen das mit unseren Kindern anders, weil wir das damals und auch heute als echtes Manko empfinden. Und sie kommen auch zu uns, um mit uns zu schmusen. Darüber bin ich sehr glücklich.*« (Dorothee S., Mutter von zwei Kindern)

3. Kapitel

»Solange du die Füße unter meinen Tisch stellst ...«

Machtkampf und Ablösung gehören zusammen

»Solange du die Füße unter meinen Tisch stellst ...«. Dieser Satz eines Mächtigen, der bestimmt, was zu tun ist, ohne jegliche Diskussion, nur aufgrund seiner Machtposition, gehört eigentlich schon seit mindestens einer Generation in die Mottenkiste. Sollte man meinen.

Aber von wegen: Viele Eltern kennen diesen Spruch noch aus der eigenen Jugend. Und viele haben sich damals geschworen: »So werde ich meine Kinder niemals unter Druck setzen, ich werde mit meinen Kindern vernünftig reden, sodass sie mit Notwendigkeiten ein Einsehen haben.« Und doch ertappen sie sich heute, wie sie selber, nach endlosen, nervenaufreibenden Diskussionen ihre Kinder mehr oder weniger lautstark über die im Haus herrschenden Machtverhältnisse in Kenntnis setzen: »*Also wenn meine Tochter so stur ist oder uns nur frech anschnauzt, dann ist ganz klar: Solange du die Füße unter meinen Tisch stellst, sage ich, was hier passiert.*« (Ein Vater). Für Jugendliche stellt sich das anders dar: »*Wenn ich z.B. gerne fernsehen möchte und meine Eltern das verbieten, dann streite ich und dann verhandle ich. Und meine Eltern, wenn denen nichts mehr einfällt, dann sagen sie einfach: ›Das ist eben der feine Unterschied.‹ Das ist unfair, sie können sich rausreden, ich kann das nicht.*« (Judith, 12 Jahre)

Damals, in der eigenen Jugend, als heutige Mütter und Väter diesen Satz mit den »Füßen unter meinem Tisch« zu hören bekamen, waren sie wütend und ohnmächtig zugleich. Heute, als Eltern auf der anderen Seite gelandet, haben viele jedoch eine

Ahnung davon, wie ein solcher Ausspruch zustande kommen konnte. Verzweiflung und Ohnmachtsgefühle bestehen bei Kindern und Eltern gleichermaßen. Sie lassen auch so genannte aufgeklärte, moderne Eltern gelegentlich zu solchen kategorischen, jegliche Diskussion beendenden, selber für unmöglich befundenen Sätzen greifen. Es geht dann darum, dass offensichtlich alle Bemühungen scheitern, die Kinder davon zu überzeugen, dass es wichtig ist, die Schule zu schaffen, oder gefährlich, im Dunkeln noch alleine von einer Freundin nach Hause zu gehen. Vielleicht geht es auch nur darum, dass eine gewisse Ordnung im Haus vonnöten ist. Verzweiflung und Ohnmacht können sich aber auch darüber einstellen, dass da plötzlich ein fremdes Wesen in der Wohnung haust, mit dem es offenbar keine Gemeinsamkeiten mehr gibt. Dass ein freundliches Beisammensein mit den Kindern nie länger als 24 Stunden dauert. Dass friedliche Mahlzeiten etwa so häufig vorkommen, wie sechs Richtige im Lotto.

Provokation bis »aufs Messer«

»Jugendkraft besteht darin, dass einem jeder Widerstand Freude macht.« (Sigismund von Radecki, Schriftsteller)

Konnten Eltern, als ihre Kinder klein waren, noch darüber lächeln, wenn sich diese bockig oder wütend zeigten, wenn sie bei Tisch der Familie den Rücken kehrten und erklärten: »Jetzt rede ich nie mehr mit euch«, oder wenn sie mit Gegenständen um sich schmissen, so ist die Aggression der Jugendlichen weitaus quälender, nervenzehrender, aber auch beklemmender.

So erscheint ihr Verhalten oft rücksichtslos, wenn ihnen etwas nicht passt. Von zu Hause »abhauen« oder die große Elternbeschimpfung: »Ihr seid die schlimmsten Eltern auf der Welt«, »Ihr liebt mich ja gar nicht« oder »Du dumme Kuh« sind nur einige Spielarten: »*Ich flipp immer total aus, wenn ich wütend bin. Dann knall ich die Tür zu, dass der Türrahmen fast rausfliegt. Da kann ich mich so richtig abregen*«, beschreibt die 12-jährige Judith ihren Umgang mit Wut.

Buchstäblich bis »aufs Messer« können solche Provokationen gehen. Da fliegt dann auch mal tatsächlich eine Scheibe raus oder eine Vase durch die Gegend. Manche Väter hatten vielleicht früher lange Haare, Jeans mit Löchern oder zerschlissene Parka, Mütter trugen Mini oder ebenfalls kaputte Jeans, um gegen Eltern oder das so genannte »Establishment« zu protestieren. Heute müssen die Jugendlichen schon etwas »mehr« bieten, wenn ihr Protest gegen die Eltern diesen die Schamröte ins Gesicht treiben soll: Die Haare sollten dann mindestens grün, der Kopf kahl geschoren und die Oberlippe mit Ringen durchstochen sein. Aufmerksamkeit ist einem beispielsweise auch als »Gruftie« sicher, Hauptsache, die Kritik ist auch massiv genug. Die Wirkung bei den Eltern bleibt nicht aus. Viele fühlen sich ratlos und ohnmächtig. Sie wissen nicht mehr, was sie tun sollen und schlimmer noch: Manche fühlen sich verführt, etwas zu tun, das sie gar nicht wollen.

Monika M. bringen die massiven Reibereien mit ihrem 15-jährigen Sohn an eigene Grenzen: »*Ich habe mit meinem Sohn derart heftige Auseinandersetzungen, bis ich wirklich das Gefühl habe: ›Jetzt kann ich nur noch Blut sehen. Ich habe richtig Lust, ihm wehzutun‹, schießt es mir dann durch den Kopf. Mit dieser Art der Provokation komme ich nicht klar.*«

Rita K. berichtet über ihren älteren Sohn Tobias: »*Mein Sohn hat mich in einem Streit furchtbar provoziert*«, erzählt sie, »*er hat sich auf den Boden geschmissen und gesagt: Schlag mich doch, schlag mich doch kaputt. Ich bin völlig ausgerastet und habe zugeschlagen. Hinterher haben wir uns in den Armen gelegen und beide furchtbar geweint.*«

Was sollen die Kämpfe?

Gründe für solch massive Provokationen gibt es mehrere: Manche sind für Eltern nicht nachvollziehbar. Dazu kommt, dass Jugendliche sich einfach weniger davon bestimmen lassen, es ihren Eltern recht zu machen. Im Gegenteil. Sie wollen einen Weg suchen, der sich von dem der Eltern unterscheidet. So hat eine Erziehung mit »Wenn-dann-Argumenten« immer weniger Erfolg. Strafandrohung oder die Aussicht auf eine Belohnung, eine Erziehungsmethode, die viele Eltern bei kleineren Kindern benutzen, funktionieren häufig nicht mehr. Die Kinder werden selbstständiger und sind damit weniger angewiesen auf fremde Hilfe. Sie können sich viele Wünsche selber erfüllen oder wollen es zumindest versuchen, nach dem Motto: »Wann ich ins Bett gehe, bestimme ich!« Außerdem sind sie weniger »erpressbar«. Und das ist auch gut so. Mit einer solchen Machtverschiebung geht natürlich auch eine Entthronung der Eltern einher.

Eine Mutter kommentierte diesen schmerzlichen Prozess wie folgt: »*Bisher waren wir die Götter, aber auf einmal merken die Kinder, dass auch wir Fehler machen.*« Die Jugendlichen wollen »ein gewisses Maß an realer Macht über die reale Welt«,[21] beschreibt die Analytikerin Kaplan, was in dieser Zeit passiert. Und man kann hinzufügen: Sie wollen diese Macht auf ihre Weise erlangen. Sie wollen einen eigenen Weg finden, der anders ist als der der Eltern und vor allem nicht von »den Alten« vorgegeben ist. Manche müssen zu extremen Mitteln greifen, nicht zuletzt, weil sie angemessene Wege, um unabhängig und eigenständig zu werden, noch nicht kennen, noch nicht probiert haben. Die oft sehr heftige Rebellion ist für manche dann der einzige Weg, überhaupt eine Ablösung einzuleiten.

In anderen Kulturen müssen junge Männer Kämpfe und Wettstreite durchführen, um den Bruch zwischen Kindheit und Erwachsensein zu unterstreichen. So wurde zumindest die aufkeimende »Kampfeslust« der Männer in kontrollierbare Bahnen gelenkt.[22] Wutausbrüche und Provokationen auf Seiten der Jugendlichen sollen aber auch das Interesse der Eltern wecken, selbst wenn diese »Methode« lediglich Negativ-Reaktionen hervorruft: Corinna E., Mutter von zwei Töchtern, erinnert sich an ihre Jugend: *»Ich hatte früher das Gefühl, ich komme gefühlsmäßig überhaupt nicht an meine Mutter heran. Wir waren oft verschiedener Meinung, aber selbst, wenn ich getobt habe, selbst wenn ich sie beschimpft habe, selbst wenn ich alles Mögliche gemacht habe, ich hab gemerkt, ich kann trotzdem nicht an ihr kratzen. Da war immer diese absolute Überlegenheit.«*

Daniela M., eine ganz ruhige, bedächtige Frau, erzählt in der Gruppe von einem ihrer Söhne, dass er ein Jahr lang nur barfuß gelaufen sei. Die anderen Gruppenmitglieder finden das viel zu lange und wundern sich über Frau M's ruhiges Lächeln, mit dem sie das erzählt. *»Wenn meine Mutter so überhaupt keine Regung zeigen würde, das würde mich wahnsinnig machen«*, gibt ihr eine Teilnehmerin zu bedenken: Sie fordere das heraus. Da müsse ein Kind sich doch etwas Besonderes ausdenken, um überhaupt eine Reaktion bei ihr zu sehen.

Denn die Jugendlichen wollen natürlich, dass ihre Eltern reagieren. Sie wollen sich ausprobieren, gleichzeitig aber auch mitbekommen, wo die Grenzen liegen. Die Eltern sollen Standpunkt beziehen, damit die Jugendlichen sich absetzen können. Die Position der Eltern bietet den Kindern gleichzeitig eine Orientierung, auch als Gegenpart, als abstoßender Pol, um sagen zu können: »Und ich meine genau das Gegenteil.«

37

Zeit der Häutung

Mir kommt es vor, als seien Jugendliche eingesperrt in ihrer eigenen Haut. Sie wollen sich daraus befreien und diese Befreiung ist sehr anstrengend. Es geht ihnen etwa wie Schlangen, die sich häuten. Die verrichten eine sehr lange und qualvolle Arbeit, um ihre Haut loszuwerden. Sie bewegen sich dann sehr rasch und reiben ihren Körper ganz fest an Bäumen.

Ebenso wollen sich die Jugendlichen reiben. Reibung bedeutet auch, sich selber zu spüren und sich dadurch zu entwickeln, zu häuten, neu zu werden. Eltern bekommen das oft direkt ab. Sie sind die Vorbilder von einst, an deren Stelle es jetzt zu treten gilt. Es ist nur natürlich, wenn Jugendliche anders sein wollen und sich von den Eltern absetzen wollen.

Dieses Aufbegehren ist für viele Eltern erst einmal unverständlich, sie fühlen sich angegriffen, wenn plötzlich alles, was von ihnen kommt, abgelehnt und für »doof« befunden wird.

Eine Mutter von fünf Kindern erzählt von ihrer jüngsten Tochter, die gerade in der Pubertät ist: »*Wenn ich ihr morgens sage: ›Du hast dich aber schön angezogen‹, macht sie auf dem Absatz kehrt, geht zurück in ihr Zimmer und zieht sich um.*«

Ähnlich dem Kleinkind, das plötzlich Wutanfälle bekommt, müssen die Jugendlichen mit neuen Gefühlsanstürmen, aber auch neuen Fähigkeiten fertig werden. Der Kinder- und Jugendlichenanalytiker Donald W. Winnicott macht darauf aufmerksam, dass die Jugendlichen vor allem vier innere Bedürfnisse haben:

⇨ Scheinlösungen müssen unter allen Umständen vermieden werden. Das heißt, sie wollen echt sein und in allem der Wahrheit auf den Grund gehen.

⇨ Jugendliche wollen sich »real« fühlen. Hier geht es um die »Reibereien«, um ein Sich-spüren-wollen in der Auseinandersetzung.

⇨ Sie wollen trotzen und zwar in einem Rahmen, in dem auch Abhängigkeit zugelassen wird und der für sie verlässlich ist.

⇨ Sie haben das Bedürfnis, die Gesellschaft immer wieder zu reizen, sodass sie sich zu ihrer Gegnerschaft bekennt und man ihr als Gegner Widerpart bieten kann.

Jugendliche wirken in dieser Zeit zerrissen, narzisstisch, egozentrisch, »asozial« und fast ständig auf dem Provokationstrip. »*Manchmal schäme ich mich für mein Kind*«, klagen Eltern verzweifelt, »*als hätte unsere ganze Erziehung bisher nichts genutzt.*« Reibung ist notwendig: Jugendliche wollen nicht verstanden werden, und genau das ist für die Eltern so schwer hinzunehmen. Es geht nicht mehr nur um das Eingehen auf die Kinder, sondern eher um die Reflexion der eigenen Verhaltensweisen. »*Ich bin von Beruf Glucke*«, erklärte eine Mutter von drei Söhnen lachend, »*aber ich merke, dass das immer weniger angesagt ist.*« Die Jugendlichen müssen sich von den »Eltern als Göttern« abwenden, um sich hinterher den realen Eltern zuwenden zu können.

Machtkämpfe sind wirkungslos

»*Ich glaube, die meisten Jugendlichen würden eher gereizt auf diesen Satz ›Solange du die Füße unter meinen Tisch stellst ...‹ reagieren und wahrscheinlich das Gegenteil von dem tun, was die Eltern sich wünschen oder was sie sich durch diesen Satz erhofft haben.*« (Judith, 19 Jahre)

Eltern können stundenlang aufzählen, was sie alles versucht haben, um ihre Kinder »zur Vernunft« zu bringen, und was nicht gewirkt hat. Viele Methoden sind in der Tat wirkungslos, weil sie die Machtkämpfe schüren. Eltern, die sich vom Verhalten ihrer Kinder angegriffen fühlen,»schlagen zurück«. Wichtig ist zu sehen, dass einen Machtkampf zu führen der falsche Weg ist. Wenn es irgend geht, sollten sich Eltern nicht darauf einlassen. Vielleicht sind sie noch mächtiger, schlüssiger in ihrer Argumentation oder sie haben eben das Geld oder den Schlüssel zur Wohnung, aber was bringt's? Der Lerneffekt bei den Jugendlichen wäre lediglich:»Wer das Geld oder den Schlüssel hat, hat die Macht.«

Ein solches»Gehorsamkeitstraining« mag kurzfristig von Erfolg gekrönt sein. Aber langfristig gilt: Kinder werden eingeschüchtert, deprimiert, rachsüchtig, in ihrem Selbstwertgefühl erschüttert, ängstlich, nervös und, man kann sagen, im gesündesten Fall aggressiv.

Der amerikanische Familienberater Thomas Gordon hat Eltern gefragt, was sie selbst als Kinder taten, um sich gegen die Ausübung der elterlichen Macht zu behaupten. Die Erinnerungen der Eltern waren aufschlussreich. Widerstand, Trotz, Rebellion, Negativismus, Ärger, Zorn, Feindseligkeit, Aggression, Lügen, sich gegen die Eltern organisieren, Fügsamkeit, Gehorsam, Unterwerfung, Anpassung, Mangel an Phantasie, Rückzug, Angst, etwas Neues zu versuchen, sich einschmeicheln usw.[23]

>
> »**Wenn man ein Kind erzieht,**
> lernt es erziehen.
> Wenn man einem Kind Moral predigt,
> lernt es Moral predigen,
> wenn man es warnt,
> lernt es warnen,
> wenn man mit ihm schimpft,
> lernt es schimpfen,
> wenn man es auslacht,
> lernt es auslachen,

wenn man es demütigt,
lernt es demütigen,
wenn man seine Seele tötet,
lernt es töten.
Es hat dann nur die Wahl,
ob sich selbst
oder die anderen
oder beides.

Alice Miller

»Die neue Macht der Eltern« heißt der Titel eines Zeitungsartikels, in dem es um einen angeblich neuen Trend geht: um »Disziplin« in der Kindererziehung und um notwendige Strafen.[24] Aus dem Titel spricht die Sehnsucht vieler Eltern, wieder mehr »Macht« zu gewinnen, mehr »Machtmittel« zur Verfügung zu haben.

Es ist nur zu verständlich, dass Eltern sich von dem ständigen Tauziehen, Streiten, Verhandeln, auch von fehlgeschlagenen Versuchen, die Dinge friedlich zu regeln, nach einer kurzen, wirksamen Methode sehnen. Aber ebenso ist kaum zu erwarten, dass es bei den komplexen Abläufen, Ablösungs- und Abhängigkeitsprozessen eine »einfache Lösung« gibt.

Wie können Eltern sich verhalten?

Ein richtiges Verhalten seitens der Eltern scheint unmöglich. Meistens probieren sie die verschiedensten Verhaltensmuster aus, um dann zu dem Schluss zu kommen: »Es werden zweierlei Sprachen gesprochen. Schlag ich die eine an, ist es verkehrt, schlag ich die andere an, ist es auch wieder falsch.« – »Die Kur der Adoleszenz ist die Zeit«, sagt der Analytiker Winnicott. »Na schön«, und

»wie lange dauert das?«, fragen Eltern zu Recht, wenn sie gerade aus Verzweiflung über die Uneinsichtigkeit ihres Sohnes tief Luft geholt haben und es aus ihrem Mund schallte: »Solange du die Füße …« Viele Eltern sind das »ewige Tauziehen um alles und jedes« leid, wissen aber nicht, wie es ohne gehen kann. Ohne Auseinandersetzungen wird es auch nicht gehen, den Zahn müssen Eltern sich ziehen lassen. Gerade heranwachsende Jugendliche wollen in der Regel kein Einsehen haben. Sie wollen nicht verstehen und irgendwie auch nicht verstanden werden. *Meine Tochter und ich, wir zanken uns sieben Tage die Woche«*, erklärt eine Mutter, so als sei das eine Unabänderlichkeit und gehöre eben zu einem normalen Tag dazu.

Unvereinbarkeit und Unterschiedlichkeit zwischen Jugendlichen und Erwachsenen müssen also sein. Aber es gestaltet sich als sehr schwer, damit zu leben, dass der Traum vom gemeinsamen und friedlichen Weg, zusammen mit den Jugendlichen durch die Pubertät zu kommen, spätestens wenn die Kinder sich in dieser Phase befinden, begraben werden muss. Manche Eltern fragen sich: »Darf oder kann ich überhaupt noch etwas verbieten?« Die Antwort ist »Ja«. Nur ist dazu eine klare Generationentrennung notwendig. »Kumpels« haben es schwer, sich gegenseitig etwas zu verbieten. Und Eltern müssen auch bereit sein, sich unbeliebt zu machen. Hass auf die Eltern gehört, wenn die Kinder nicht raus oder nicht fernsehen dürfen, als eine durchaus normale Reaktion der Jugendlichen dazu. Es ist wichtig, dass Eltern es aushalten, dass sie für ein Verbot von ihren Kindern nicht den roten Teppich ausgerollt bekommen. Eltern müssen aber auch einsehen, dass sie wichtige Erfahrungen, die sie selbst gemacht haben und ihren Kindern gerne ersparen würden, diesen nicht ersparen können: »Wenn ich spät nach Hause komme und wenig schlafe, dann schlafe ich in der Schule ein«, »wenn ich viel trinke, komme ich an meine körperlichen Grenzen«, »wenn ich mir die falschen Freunde aussuche, ist die Enttäuschung vorprogrammiert«. Das alles müssen die Kinder selbst erfahren, um es auch zu wissen. Ein Jugendlicher, der zu seinen Freunden sagt:»Meine Mutter hat aber gesagt, Alkohol schädigt die Gesundheit«, wird wahrscheinlich verlacht und hat seine Position als»Muttersöhnchen« in der Clique sicher. Natürlich sagt er es nicht.

Eine Mutter erzählte in der Gruppe, ihre Tochter habe z.B. die »Ausgehgrenze« durch Erfahrung gelernt. Sie habe sie selber entscheiden lassen, wann sie abends nach Hause kommen wolle. Einmal sei sie erst sehr spät nachts daheim gewesen, morgens nicht aus dem Bett gekommen und nicht zur Arbeit gegangen. Sie habe sie nicht geweckt und das habe gewirkt. Am selben Tag war sie früh im Bett und am darauf folgenden Morgen pünktlich an ihrer Arbeitsstelle.

☞ **Die Haltung der Eltern**

»Seien Sie nicht so persönlich gekränkt«, ist unsere Parole in den Elterngruppen und natürlich ernten wir dafür oft Ungläubigkeit. *»Wie soll es denn gemeint sein, wenn die Kinder uns beschimpfen, beleidigen, uns in heftigen Diskussionen unsere wirklich wunden Punkte aufs Butterbrot schmieren, uns mit ungerechtfertigten Vorwürfen bombardieren? Soll man denn überhaupt nichts mehr persönlich nehmen?«*

Ich bin nicht der Meinung, dass Eltern geduldig hinnehmen müssen, wie ihre Kinder sie mit»dumme Sau« und»blöde Kuh« betiteln und dabei noch ein freundliches Lächeln aufsetzen sollen. Wer gekränkt ist, sollte aus seiner Kränkung auch keinen Hehl machen. Es geht lediglich darum, sich klarzumachen, dass es noch andere Gründe gibt, warum die Jugendlichen dermaßen aus der Haut fahren, Gründe, die mehr mit den Jugendlichen selbst zu tun haben. Es geht darum, nicht nur den Angriff auf die eigene Person als Motiv der Kinder wahrzunehmen, sondern auch deren»schwierige Bemühungen, nicht einfach nur Sprach-

43

rohr der Eltern zu werden, sondern eine eigene Identität aufzubauen«, wie meine Kollegin Angela Krüger es ausdrückt. Wenn wir uns das gelegentlich verdeutlichen, können wir uns vielleicht auch gelassener mit den Vorwürfen der Jugendlichen auseinander setzen. »*Ich habe das Gefühl, die hängen für ein paar Jahre ihren Verstand irgendwo ab*«, empfindet eine Mutter das Verhalten ihrer Kinder. Und dennoch:

Pubertät ist keine Krankheit und muss auch nicht geheilt werden, auch wenn es Erwachsenen manchmal so erscheint. Da müssen alle Familienmitglieder mehr oder weniger durch.

☞ **Standpunkt beziehen**

Jugendliche legen alles, was gesagt wird, auf die Goldwaage, sind ihrerseits aber im »Austeilen« nicht gerade zimperlich. Wer es dann nicht auf Machtkämpfe ankommen lassen und dennoch bestimmte Grenzen und Regeln gewahrt wissen will, kann auf verschiedenen Ebenen seinen Standpunkt verdeutlichen.

Machtkämpfe werden häufig auch durch Verletzungen geschürt. Kleinigkeiten in der Wortwahl, die als Vorwurf empfunden werden, schaffen unnötig schlechte Stimmung. Eltern können, wenn sie auf ihre eigenen Sätze und ihre Wortwahl achten, mit kleinen Veränderungen Zuspitzungen verhindern. Wenn es etwa darum geht, den Kindern klarzumachen, dass es andere stört, wenn sie ihre Schuhe oder ihre Tasche ständig im Wohnzimmer rumfliegen lassen, wäre ein »du mit deiner verdammten Tasche« verletzend und überflüssig. Wohingegen sich der Satz »Mich stört es, wenn deine Schuhe und deine Tasche hier rumliegen« nicht gegen die Person des Kindes richtet, sondern von der Person des Elternteiles aus argumentiert. Jugendliche brauchen Regeln mit gewissen Spielräumen. Eine Mutter etwa, die der Meinung ist, ihr Sohn solle spätestens bis elf Uhr zu Hause sein, vertritt ihre Meinung klar und unmissverständlich. Sie lässt den Sohn dagegen rebellieren, ringt ihm aber kein verbales Zugeständnis zu der von ihr vorgegebenen Zeit ab. Er hat jetzt die Wahl, sich daran zu halten oder es zu lassen. »Und sie werden überrascht sein«, meint sie, »in den allermeisten Fällen hält er sich an die Zeit.«

☞ **Verhandlungen führen**

»Ich finde diesen Spruch ›Solange du die Füße unter meinen Tisch stellst‹ total bescheuert und veraltet. Eltern sollten ihren Kindern mehr vertrauen, sich mehr für ihre Meinungen interessieren und sie bei Diskussionen behandeln wie alle anderen auch. Jugendliche müssen ihre eigenen Erfahrungen machen und auch ihre eigenen Fehler, dabei muss nicht immer alles lieb und brav sein. Wenn sie sich von ihren Eltern alles vorschreiben lassen, kommen sie meiner Meinung nach im Leben erstmal nicht zurecht. Es ist nicht immer jemand da, der ihnen sagt, was sie machen sollen.« (Luzi, 16 Jahre)

Damit die Jugendlichen lernen, Verantwortung für ihr Handeln zu tragen, müssen sie an Entscheidungsprozessen beteiligt werden. Das kann zäh und nervenaufreibend sein, ist jedoch äußerst wirksam. Möglichkeiten gibt es viele: So kann der Zeitpunkt des Nach-Hause-Kommens verändert werden mit der Zugabe, dass dafür bestimmte Pflichten, wie etwa die Hausaufgaben, schon vorher erledigt werden. Kinder die nicht aufräumen wollen, können einen »deal« mit anderen Familienmitgliedern machen, d.h. Aufgaben mit ihnen tauschen. Der Mutter, der es wichtig ist, dass aufgeräumt wird, kann ihr Sohn anbieten, zweimal die Woche für sie zu kochen, inklusive Abwasch, wenn sie die Aufräumarbeiten übernimmt, für die eigentlich er zuständig ist. Kleider, die nicht gern getragen werden, lassen sich auch gegen andere eintauschen, ohne dass die Tochter »zu dünn« angezogen aus dem Haus geht.

Hier geht es um keinen »Kuhhandel«, sondern um von beiden Seiten als sinnvoll erachtete Regeln, an die sich dann natürlich auch jeder halten muss, wozu übrigens jeder, der am Aufstellen der Regel beteiligt war, eher bereit ist. Fragen Sie ihre Kinder in problematischen Situationen: »Was würdest du vorschlagen?«, »Was könnte eine Lösung sein, die für uns beide annehmbar ist?«. Solche Verhandlungen werden sicher nicht immer von Erfolg im Sinne von »brave Kinder, gute Stimmung« gekrönt sein. Aber Kinder lernen dabei zu verhandeln, sie werden ernst genommen und können mitgestalten. Und auch ihre Versprechungen werden ernst genommen, und Eltern können sich darauf berufen, dass sie auch eingehalten werden. Findet dies jedoch immer wieder nicht statt, müssen Eltern und Kinder gemeinsam versuchen herauszufinden, aus welchen Gründen die jeweilige Abmachung oder das jeweilige »große Versprechen« nicht eingehalten werden konnte. Und dann muss eben neu verhandelt werden. Auch überraschendes, aber nicht willkürliches Verhalten ist eine andere Variante, um eingefahrene Streitrituale aufzubrechen.

Hinter dem Spruch »Solange du die Füße unter meinen Tisch stellst…« verbirgt sich häufig die Angst der Eltern, die Kinder nicht mehr im Griff zu haben und dadurch in der eigenen Autorität gefährdet zu sein. Michael B. formulierte diese Befürchtungen in Bezug auf seine Tochter so: »*Wenn man ihnen den kleinen Finger reicht, dann nehmen sie gleich die ganze Hand.*« – »*Geben Sie ihr doch die ganze Hand*«, wurde Herr B. zu seiner Überraschung von der Gruppe aufgefordert. Die Autorität muss dadurch nicht verloren gehen. Kinder, die erleben, dass ihre Eltern nicht unbedingt starr an einer Sache festhalten müssen, sondern sich auch souverän verhalten können, werden das nicht als Schwäche, sondern als Stärke der Eltern auslegen.

4. Kapitel

»Mein Kind hat zu nichts mehr Lust.«

Null Bock und untröstlich

»Mach deinen Kram doch selber«

Leere Flaschen in den Keller tragen, Müll aus der Wohnung bringen oder den Tisch zu decken scheinen für manche Jugendliche »fremde Tätigkeiten«, die, wenn überhaupt, von Heinzelmännchen erledigt werden. Selbst bislang hilfsbereite, aufgeschlossene 12-Jährige sehen das offenbar so. Allenfalls ein »Mach deinen Kram doch selber« bekommen Eltern auf die Bitte um Mithilfe dann zu hören. In der Regel stehen die Flaschen, die es runterzubringen galt, am Abend noch genauso da, wie die Jugendlichen sie morgens hingestellt haben.

Das Lied über die faulen Kinder, die im Haushalt nichts tun, können fast alle Eltern singen: »*Wer kümmert sich eigentlich um die eigens wegen der Kinder angeschafften Haustiere?*«, fragt Sigrid S. in den Raum. Die Antwort scheint klar. Alle Tierbesitzer nicken. Meerschweinchen und Hamster brauchen einen frischen Käfig, Ratten, Fische und Hasen etwas zu fressen. Die Kinder haben sich die Tiere gewünscht, Eltern haben sie gekauft, damit ihr Nachwuchs unter anderem lernt, sich um etwas zu kümmern und dafür Sorge zu tragen. »*Man müsste die Tiere verhungern lassen*«, meint eine Teilnehmerin, »*aber dazu tun sie uns dann wieder zu Leid. Die Kinder scheint das jedenfalls alles gar nicht zu interessieren.*« Die 12-jährige Judith sieht die Lage ganz anders: »*Wir haben Rennmäuse zu Hause. Meine Eltern meinen, wir würden uns nicht um die kümmern und wollen die immer abschaffen. Aber das stimmt überhaupt nicht. Außerdem: Meine Mutter soll sich nicht so anstellen, wenn sie auch mal da was rein tun muss.*«

Natürlich haben Eltern die Aufgabe, ihren Kindern etwas beizubringen. Und manche versuchen dann durchzugreifen, indem sie selbst auf den Schlaf ihres Kindes keine Rücksicht nehmen. Davon berichtet Thomas L.: *»Mein Sohn erfüllt seine Pflichten wieder und wieder nicht. Ich bin jetzt dazu übergegangen, ihn auch bei Regen aus dem Haus zu schicken, um den Müll rauszubringen, selbst wenn er schon geschlafen hat. Er soll verdammt noch mal seine Aufgaben erledigen, wie Flaschen wegbringen und das Kaninchen füttern.«* Schlaftrunken schält Jasper L. sich dann aus dem Bett, um das ihm Aufgetragene zu erledigen. Beim nächsten Mal »vergisst« er es wieder. Er reagiert lediglich auf den Druck seines Vaters, der ihn aus einer geschwächten Lage heraus zu seinen »Pflichten« nötigt. Ein Einsehen in die Notwendigkeit dieses Unternehmens hat er nicht.

Ein Gespräch darüber, dass Eltern und Sohn gemeinsam Regeln über die häuslichen Pflichten aufstellen, könnte zu einer Lösung führen, die den Sohn in die Entscheidung und damit auch in die Verantwortung einbindet. Dann ändert sich auch die Position von Herrn L. Jetzt könnte er an die Eigenverantwortlichkeit des Sohnes appellieren, wenn es darum geht, dass die Flaschen weggebracht und das Kaninchen gefüttert werden muss. Er kann auch mit klaren Worten an die Abmachung erinnern, wenn der Sohn Müll und leere Flaschen mal wieder »vergessen« hat.

Der 17-jährige Jan stellt sich den Umgang mit Pflichten zu Hause so vor: *»Jugendliche sollten nur Pflichten übernehmen, die sie auch wirklich erfüllen können. Außerdem sollte man die Pflichten zusammen ausarbeiten. Es darf kein Zwang entstehen.«*

Zu nichts mehr Lust

Mit der Verweigerung, irgendeine Art von Pflichten zuverlässig zu übernehmen, ist häufig ein Desinteresse an vielen bislang geliebten Tätigkeiten gepaart. Saxophonunterricht, Handballtraining, Familienausflüge – alles Beschäftigungen aus vergangenen Tagen. »Kein Bock« kommt da höchstens, wenn Eltern vorschlagen: »Mach doch was, geh doch raus, was ist denn mit deinem geliebten Sport?« Oder wenn sie sich Sorgen darüber machen, dass ihr Kind ständig zu Hause herumhängt und niemals Freunde besucht oder welche einlädt. »Willst du nicht mal Florian oder Sebastian einladen?« Oder: »Geh doch mit Sabine ins Kino.« – »Misch dich da nicht ein« oder »Die ist doof« gibt es maximal zur Antwort. Löcher in die Luft starren, mit niemandem reden, schon gar nicht mit den Eltern, stundenlang auf dem Zimmer hocken, eventuell noch die Kopfhörer auf. Wenn sie dann aus ihrer »Höhle« herauskommen, holen sie sich vielleicht einen Apfel oder eine Tüte Chips, um mit den knappen Worten »Ich bin weg« klar zu signalisieren: »Lasst mich alle in Ruhe und sprecht mich am besten gar nicht an.«

Auf der Suche nach Schutz

Cool, verschlossen und unnahbar wirken manche Jugendliche auf uns. Sie sind in sich gekehrt, nur mit sich beschäftigt, da scheint einfach kein Platz für vieles Bisherige zu sein. Bei all diesem »asozialen Verhalten« gerät leicht in Vergessenheit, dass sie natürlich auch sehr empfindsam und verletzlich sind.

»Ich war ganz erstaunt«, erzählt eine Mutter, *»als mein Sohn einmal ganz fürchterlich über den Tod unserer alten Katze geweint hat, da habe ich gesehen, dass er gar nicht so ›cool‹ ist.«*

Die Kehrseite des »Cool-Seins« zeigt sich manchmal ebenso

überraschend, wie ein scheinbar aus dem Nichts aufflammender Streit: Miriam T., Mutter von drei Kindern, einem Sohn und zwei Mädchen, Zwillingen, erzählt eine kurze Begebenheit aus der letzten Woche: »*Als ich aus der Elterngruppe nach Hause kam, ist meine Tochter aus ihrem Zimmer gestürmt und hat von der Treppe herunter gefragt:* ›*Na, hast du gelernt, was du mit uns machen musst?*‹ *Ich war darüber sehr empört und habe meinen Mann angeguckt und ihn gefragt:* ›*Was soll ich denn jetzt sagen?*‹ *Dann habe ich mich entschieden, nicht in meiner sonstigen* ›*impulsiven*‹ *Art zu reagieren, sondern ruhig sitzen zu bleiben. Nach kurzer Zeit hörte ich, wie meine Tochter weinte.*«

Nicht Kind und auch noch nicht erwachsen heißt eben auch: Da ist noch nichts Neues. Die Jugendlichen befinden sich auf der Suche, aber haben noch nicht gefunden, was sie suchen. »*Sie suchen was, aber sie wissen nicht was*«, erklärte eine Mutter diesen Zustand. Louise Kaplan macht darauf aufmerksam, dass die Jugendlichen während der Adoleszenz um etwas sehr Abstraktes, ihnen nicht Bewusstes trauern. Im Gegensatz zu einem Menschen, der über den Verlust einer Person trauert, trauert der Jugendliche um einen Lebensabschnitt, der zu Ende geht. Und das können wir ihnen nicht ersparen, da müssen sie durch. »Wenn sie im psychologischen Sinne erwachsen werden wollen, müssen die Jugendlichen die Einsamkeit, die der herzzerreißende ›Abschied von der Kindheit‹ mit sich bringt, durchstehen.«[25]

Wenn eine Person stirbt oder ein unabwendbarer Abschied bevorsteht, versuchen Umstehende den Trauernden zu trösten: »Es war besser für ihn« oder »Er kommt ja wieder«. Viele sind hilflos dabei, weil sie merken: einen wirklichen Trost gibt es nicht. Die Trauer muss irgendwie sein und durchgestanden werden, das Einzige, was wir in dem Fall tun können, ist, demjenigen, den der Verlust getroffen hat, in seiner Trauer beizustehen.

Jugendliche wissen häufig nicht, weshalb sie jetzt plötzlich von Traurigkeit, Verzweiflung, Angst und Wehmut überfallen werden. In depressiven Stimmungen, Kummer-Reaktionen und tief greifenden Ängsten spiegelt sich ein innerer Widerstreit: Die Vergangenheit soll ausgelöscht und zugleich für immer bewahrt werden.[26] Manche Jugendliche räumen in dieser Zeit ihre Autos und Puppen in den Keller. Sie gehören nicht mehr in ihre unmittelbare Umgebung, aber weggeben können sie sie auch noch nicht.

In Übergangsphasen ist man angreifbar und verletzbar, gerade weil man seiner Sache noch nicht so sicher ist und die Standpunkte, Positionen und Stellungen, die man einnimmt, noch nicht so souverän vertreten kann, um von da aus mit Angriffen und Anforderungen fertig zu werden. Was sagen Sie als Stift in der Probezeit, wenn ein Kunde kommt und sich bitter über die gelieferte Ware beklagt? »Ich weiß auch nicht, da muss ich erst mal meinen Chef holen.« Schutz ist vonnöten und das Sichzurückziehen, Sicheinigeln mancher Jugendlicher ist eine gesunde Maßnahme, sich selber zu schützen.

Die mittlerweile verstorbene Psychoanalytikerin Françoise Dolto vergleicht in ihrem Buch »Von den Schwierigkeiten erwachsen zu werden« den Zustand der Jugendlichen mit einem Hummer, der seinen Panzer abwirft. In der Zeit, bis ihm ein neuer Panzer gewachsen ist, steht er ohne da, er ist schutzlos, und deshalb zieht er sich zurück, denn während dieser Zeit schwebt er in großer Gefahr. Er wandert ganz tief in eine Felsenhöhle hinein. Hier ist er geschützt vor den Meerestieren, die sein schmackhaftes Fleisch lieben. Hier hat er Ruhe, kann träumen und sein neuer Panzer kann in Ruhe wachsen.

Die Navajo-Indianer zum Beispiel haben eine typische Behausung, »Hogan« genannt. Heranwachsende Mädchen werden hier eingeschlossen und bis zur Taille in einen Sandhaufen eingegraben. Hier beginnen sie eine kosmische Reise, auf der sie allen erdenklichen kosmischen Mächten begegnen. Sie wandeln auf dem Pfad imaginärer Abenteuer, bleiben währenddessen aber im sicheren Schoß der Familie oder in einer benachbarten Hütte.

Völlig verwandelt kehren die Mädchen von dieser Reise zurück. Nun haben sie Anteil an göttlicher Tugend.[27]

Mehr oder weniger alleine klarkommen

»Jugendliche haben oft ›null Bock‹, weil sie sich fragen: ›Wozu gehe ich in die Schule?‹ oder: ›Wieso mache ich Hausaufgaben oder putze das Treppenhaus?‹ Man merkt, dass es viel schöner ist, den ganzen Tag was mit Freunden zu machen oder auch mal nichts zu machen. In dieser Zeit hat man auch keine Lust, irgendetwas mit der Familie zu machen und versucht mehr oder weniger alleine klarzukommen.« (Jan, 17 Jahre)

Jugendliche, die nicht träumend, am Computer spielend oder fernsehend auf ihrem Zimmer hocken, wollen raus, sich mit Freunden treffen oder die Freunde, wenn möglich gleich scharenweise, zu Hause anschleppen. Ansonsten blockieren sie stundenlang das Telefon, um alle Details ihres Seelenlebens zu »bequatschen«.

Freunde werden wichtig, der Austausch mit ihnen zählt zuweilen mehr als der mit den Eltern. Ihre Meinung ist maßgebend, ihre Erlebnisse, ihr Urteil. Stundenlange Gespräche, in denen jede Bewegung, jede Regung, jedes Tun aller wichtigen Personen vor und zurück erläutert wird, führen vor allem Mädchen: »Und dann hat er das gemacht, und ich hab das gesagt und dann sind wir da und dahin gegangen …« Dabei wird gekichert und getuschelt und hinterher verziehen sie sich wortlos wieder auf ihr Zimmer. Die Eltern sollen außen vor bleiben. Ihre Meinung interessiert im Moment nicht, sondern was die Gleichaltrigen und etwas Älteren meinen: *»Es geht mir darum, von 18-, 20-Jährigen akzeptiert zu werden, nicht von Erwachsenen, das ist mir egal.«* (Johanna, 15 Jahre)

Eltern klagen über die Verschlossenheit und auch über die

»Bockigkeit« ihrer Kinder, denn so erleben sie deren nach Innen gekehrtes, bzw. nach Außen hin orientiertes Verhalten. Renate T. erzählt von ihrem Sohn, er gehorche ihr überhaupt nicht mehr. Er ziehe sich komplett zurück. Ihre Ohnmachtsgefühle begründet sie folgendermaßen: *»Wenn ich was sage, dann macht er einfach dicht. Ich habe Angst, dass er total blockt, dass nichts mehr geht.«*

Neben der Angst, dass nichts mehr geht, dass der Kontakt abreißt, fühlen Eltern sich auch gekränkt darüber, dass die Kinder, die ihnen bislang doch alles anvertraut haben, nun andere Vertraute suchen. *»Mit mir könnte er doch darüber reden«*, meint Beate P. ganz gekränkt, als sie von ihrer Tochter erfährt, dass ihr Sohn in der vorigen Woche aus einer Kneipe rausgeschmissen wurde mit der Begründung, er sei »fascho«. Er selbst hatte kein Wort darüber verloren. Es verletze sie, dass sie ausgeschlossen sei, dass er mit anderen über seine Probleme rede. *»Null Bock kann man nicht sagen, die Kinder möchten unabhängiger leben, und das wirkt so, als hätten sie ›Null Bock‹. Sie haben weniger Bock auf die Eltern, weil die Eltern stressen und sich in zu vieles einmischen.«* (Hans, 14 Jahre)

Jugendliche haben während der Pubertätszeit in der Regel zwar viele Chancen, aber sie müssen auch viele Niederlagen hinnehmen. Neue Beziehungen sind nicht unbedingt beständig, Enttäuschungen unumgänglich.

Leben im Hier und Jetzt

Neue Gefühle, Sehnsüchte, Ängste prallen mit den Anforderungen des täglichen Lebens aufeinander. Neue Wege müssen erst gefunden werden: *»Wenn ich in die Schule gehe und lerne, dann hab ich ja gar nichts mehr vom Leben«*, beschwert sich auch die 16-jährige Tatjana. Sie liegt nun mal lieber im Bett oder trifft sich mit Freunden.

Den Jugendlichen geht es dabei nicht um das, was kommt,

sondern um das, was ist. Ihnen ist das Leben im Hier und Jetzt wichtig. Gelebt werden muss sofort. Es gibt keinen Aufschub mehr. Ein Jugendlicher, dem gesagt wird:»Wenn du mal erwachsen bist oder die Schule fertig hast«, fühlt sich entmündigt und nicht ernst genommen – er kann nicht warten:»Schlechte Stimmungen habe ich jetzt, die müssen jetzt ausgelebt werden, Zank muss jetzt sein, weil ich jetzt raus will« – mit anderen Worten: Die Zukunft ist schon da.

Um eine eigene Position zu finden, ist es oft nötig, zunächst eine extreme Richtung einzuschlagen, um sich dann irgendwo in der Mitte zwischen den beiden Extremen, zwischen früher und heute, einzupendeln. Wenn Kinder, die früher gern Ausflüge mit den Eltern gemacht haben, darauf plötzlich»pfeifen« und sich fast nur noch Freunden und anderem zuwenden, bedarf es vielleicht dieses Extrems, um irgendwann wieder einmal gern mit den Eltern auszugehen. So ist es vielleicht zu verstehen, wenn sich Kinder in ihrem Freundeskreis auch nicht gern mit ihren Eltern blicken lassen:»*Die gehören da nicht hin, die machen mich nur wieder zum Kind.*« Das stört auf dem Weg in die Selbstständigkeit.»*Du kommst doch nicht rein, wenn du mich heute Abend abholst?*«, versichern sich Jugendliche jetzt eher, wenn sie ihre Mutter zwar gern als Chauffeuse für den Heimweg nach einem Fest haben, sich aber in Grund und Boden schämen würden, wenn sie plötzlich im Partykeller der Freunde stehen würde.

Kathrin M. beklagt sich darüber, dass ihr Sohn keine Lust hat, mit ihr in der einige Kilometer entfernt gelegenen Stadt bummeln zu gehen. Er wolle nicht mit ihr mit dem Zug fahren, er könnte ja mit seiner Mutter gesehen werden. Das wäre ihm peinlich. Was ist die Pein für ihn? Gemeinsam mit der Mutter wäre er plötzlich nicht mehr ein angehender Erwachsener, sondern vielleicht ein»Muttersöhnchen«. Darauf drängt die Mutter, wenigstens ein gemeinsames Frühstück in der Woche einzunehmen. Aber auch das boykottiert er schlicht durch seine morgendliche Übellaunigkeit.

Wie können Eltern sich verhalten?

Für viele Eltern ist die »Null-Bock«-Mentalität der Kinder ein harter Brocken. Sie fühlen sich immer mehr außen vor, ihr Einfluss schwindet, aber abgesehen davon, dass sie noch zuständig sind, fühlen sie sich häufig auch gekränkt.

Es macht sich manchmal eine maßlose Enttäuschung über die Kinder breit: »Wir tun doch alles für sie, wieso kommt denn da gar nichts zurück?«, »Wieso können sie nicht wenigstens die Haarbürste wieder an ihren Platz legen oder mal eine Waschmaschine anstellen, bevor die allerletzte Unterhose dreckig ist?« – »Jeder hat doch seinen Part, der eine tut etwas für den anderen und umgekehrt« wäre für viele Eltern eine wünschenswerte Devise. Wie etwa Greta M. erzählt: »*Mein Mann springt zum Beispiel auf, wenn die Kinder beim Fernsehen eine Tafel Schokolade haben wollen. Aber er erwartet auch von ihnen, dass sie beim Mittagessen eine Flasche Wasser holen, wenn die fehlt.*«

☞ In Kontakt kommen

Viele Eltern beklagen sich darüber, dass sie mit ihren Kindern keinen Kontakt haben, dass es kaum Kommunikation gebe. Das liegt nur zu einem Teil an den Kindern und deren anderen Interessen, Eltern können auch etwas dafür tun.

Susanne M. beschwert sich über ihren 16-jährigen Sohn Sven. Er sitze ständig am Computer, lerne nicht für die Berufsschule, bereite sich nicht auf die Arbeit vor, kümmere sich um gar nichts und rede nur das Allernötigste, wenn überhaupt. Sie müsse ihn immer hundertmal anhalten, seine Schulaufgaben zu machen und seine Schuhe zu putzen. Einmal habe sie das nicht getan, da habe er direkt einen Rüffel vom Arbeitgeber bekommen. Von sich aus mache er eben gar nichts. Wir versuchen, die Situation in einem kleinen Rollenspiel näher zu betrachten. Frau

M. übernimmt selbst die Rolle der Mutter und eine andere Teilnehmerin die des Sohnes.

Die Situation ist schnell gespielt: Die Mutter betritt das Zimmer des Jungen, ermahnt und bittet ihn nachdrücklich und anhaltend, seine »Pflichten« zu erfüllen, sprich seine Schulaufgaben zu machen und die Schuhe zu putzen. Während sie auf ihn einredet, vergräbt sich der Sohn immer weiter hinter dem Bildschirm. In der Besprechung der Szene zeigt sich, dass die anhaltenden Ermahnungen von Frau M. wie ein Trommelfeuer auf die anderen Gruppenteilnehmer und »den Sohn« wirken. Der »Sohn« erzählt, wie er immer genervter wurde, die Mutter, wie sie sich immer erregter gefühlt und immer schneller gesagt hat, was der Sohn tun soll.

Kinder, auf die immer wieder ›gebetsmühlenartig‹ eingeredet wird, werden »elterntaub«, wie der Psychologe Dreikurs das nennt. Das heißt, die Appelle der Eltern gehen in berühmter Manier zum einen Ohr rein und zum anderen wieder raus. Einige Teilnehmer erleben das täglich zu Hause. Sie selbst werden von Telefonaten, Arbeiten im Haushalt, Freunden, Verwandten bestürmt, wenn sie nach Hause kommen, umgekehrt bestürmen sie ihre Kinder, wenn diese etwas erledigen sollen.

In der Gruppe werden verschiedene Vorschläge gemacht, diese Situation anders zu gestalten. So gehe es um den richtigen Zeitpunkt. Man solle nicht die Kinder bei irgendetwas stören, sondern sie erst ihre Tätigkeit beenden lassen. Wenn man sich Kontakt zu seinen Kindern wünscht, ist es hilfreich, auch Interesse an dem zu zeigen, was sie gerade machen und nicht einfach mit irgendwelchen Aufforderungen ganz unvermittelt in etwas hineinzuplatzen. – Wir spielen die Situation noch einmal. Frau M. geht zu ihrem Sohn ins Zimmer, und anstatt mit ihrem gewohnten Trommelfeuer loszulegen, fragt sie ihn, was er gerade macht. »Willst du dich einschleimen?«, kommt seine Rückfrage, wobei er weiter auf den Bildschirm starrt. Frau M. bleibt dabei:

»Was machst du gerade?« Der »Sohn« erzählt hinterher, es sei ihm sehr schwer gefallen seine mürrische, abweisende Rolle aufrechtzuerhalten, denn es sei ihm ungewohnt gewesen, dass die Mutter ihn nicht mit ihren sonst üblichen Ermahnungen bestürmt hat.

Ständige Ermahnungen sind ebenso wirkungslos, wie beleidigte Gleichgültigkeit der Eltern. Beides bringt den Kontakt nicht voran. Interesse an den Belangen der Kinder zu signalisieren, heißt:»Du bist mir nicht egal. Ich will mit dir reden, auch wenn es im Moment schwierig ist.« Das heißt nicht, dass man nicht anderer Meinung sein kann, aber viele Eltern merken auch, dass es kaum Sinn macht, den Kindern seine Meinung aufzuzwingen. Nach dem Motto»Ratschläge sind auch Schläge«, sollten Eltern sich ungefragte, wenn auch»gut gemeinte« Tipps nach Möglichkeit verkneifen. Wenn Fragen kommen, können sie zurückfragen oder kurze, klare Informationen geben, möglichst jedoch keine moralischen Vorträge halten. Eine Frage wie:»Was denkst du denn?« signalisiert auch:»Ich nehme dich und deine Meinung ernst, ich interessiere mich für die Gründe deiner Frage, aber es liegt in deiner Hand, wie viel du mir erzählen willst.« Dennoch müssen Eltern nicht mit ihrer Meinung hinterm Berg halten. Sie sollte nur nicht so formuliert sein, dass die Kinder darin eine moralische Verpflichtung sehen. Hilfreich ist immer, von sich zu sprechen:»Ich mache dieses oder jenes nicht und zwar aus den und den Gründen« klingt ganz anders als »Das und das macht man nicht«.

Für Kinder ist der Kontakt zu den Eltern und deren Meinung wichtig, sei es, um den eigenen Standpunkt zu überprüfen, sei es, um zu spüren, dass die Eltern einen Standpunkt haben und man ihnen nicht egal ist, oder um eine Orientierung für sich zu bekommen.

»Ich denke, dass viele Kinder oder Jugendliche merken, dass manche Probleme besser mit Freunden zu lösen sind als mit den Eltern. Dies sind oft Probleme mit anderen Menschen. Sachen wie Zukunftsängste werden zum Beispiel lieber auch mit Eltern diskutiert, da sie mehr Erfahrung haben und einen besser beraten können.« (Jan, 17 Jahre)

☞ Auf offene Türen achten

Die meisten Eltern sind interessiert an dem, was ihre Kinder machen und möchten das am liebsten direkt von ihnen erfahren. »Wie war es heute in der Schule?« – »Was hast du gemacht?«, kommt spätestens beim Mittagessen die Frage, die manche Jugendliche in die Luft gehen lässt. »Kann man hier nicht mal in Ruhe essen?« – »Gleich wieder diese Kontrolle.« – »Was soll schon gewesen sein? – Nichts«, wird man im Höchstfalle angeknurrt – scheinbar ganz normales Interesse empfinden Jugendliche als Verhör. Abgesehen davon, dass auch Erwachsene Schwierigkeiten haben, nach einem anstrengenden Arbeitstag zu Hause gleich die wichtigen Dinge des Tages abzuspulen.

Hilfreicher ist es, nach »offenen Türen« Ausschau zu halten, d.h. Gelegenheiten zu schaffen, die ungestörtes Plaudern fördern. Das gemeinsame Essen kann eine Chance sein, muss aber nicht. Vielleicht gibt es einen Ort in der Wohnung, an dem sich günstiger, ohne die anderen Familienmitglieder Gespräche ergeben können. Das bedeutet, dass Eltern zu einer bestimmten Zeit des Tages da und ansprechbar sind. Achten Sie auf kleine Bemerkungen der Jugendlichen und gehen Sie gegebenenfalls darauf ein, auch wenn deren Redebedürfnis sich manchmal in den unmöglichsten, unpassendsten Situationen ergibt. Was nicht heißt, dass etwa Ausgehzeiten besprochen werden, wenn die Eltern schon im Mantel sind und zur Arbeit müssen und die Jugendlichen gerade noch schnell den Kopf durch die Tür stecken: »Ach übrigens, kann ich heute länger …« In diesem Fall muss das Gespräch eben zu einem späteren Zeitpunkt stattfinden und fest verabredet werden.

Es ist wichtig, Interesse zu signalisieren, wenn die Jugendlichen etwas erzählen, ihre Meinung zu erfragen und dafür auch offen zu sein. Eltern sollten ihre Kinder aber nicht belauern – Jugendliche können zwischen wirklichem Interesse und Aushorchen ganz gut unterscheiden.

Fünf, Sechs, sitzen geblieben …

Wenn's in der Schule nicht mehr läuft

»Schule ist für mich das Wichtigste überhaupt. Ich spiele zwar lieber am Computer oder gucke Fernsehen oder fahre Inline-Skates, aber Schule – das ist mein Job im Moment.« (Hans, 14 Jahre)

»Schule ist das Wichtigste überhaupt« bedeutet: Hier verbringen die Jugendlichen den größten Teil ihres Tages, hier müssen sie sich beweisen, hier haben sie ihre Kontakte, hieran werden sie gemessen.

Kein Wunder, dass die Schule in den meisten Familien »Thema Nummer 1« ist: Wenn die Kinder besonders gut sind, wenn sie zu besonderer Leistung angespornt werden sollen, vor allem aber, wenn sie drohen abzufallen oder besonders schlecht sind.

Schule, beziehungsweise Schulleistungen sind messbar, sind vergleichbar, daran lässt sich etwas ausrechnen: Wie gut ist mein Kind? Wie viel besser oder schlechter ist es im Vergleich zu anderen? Wie werden später im Berufsleben seine Chancen sein? Das alles fragen sich Eltern und glauben, hier klare Antworten finden zu können. Und viele machen sich nicht nur Sorgen, wenn die Kinder alles andere im Kopf haben als beispielsweise ihre Hausaufgaben, sondern mischen sich nach der Devise »Es ist noch kein Meister vom Himmel gefallen« aktiv in die Erledigung der Schulaufgaben ein. Sie hören Vokabeln ab, überwachen die Hausaufgaben und kontrollieren Rechenaufgaben. Bald gehört es für diese Eltern und deren Sprösslinge zu einer der meist gehassten täglichen Verrichtungen.

Wen wundert es also, dass Schule für viele Eltern und Kinder gleichbedeutend ist mit Stress. Das Wort vom »Schulstress« ist mittlerweile in unseren Sprachgebrauch eingegangen. In Elterngruppen kommen auf die Frage:»Was ist Schule?« immer auch Antworten wie:»Ein Muss«,»eine Lernanstalt«, »Stress«,»Horror«.

Der Stress der Eltern

Das Damoklesschwert hängt über den Köpfen von Eltern und Kindern: Schülerinnen und Schüler dürfen dieselbe Klasse oder Jahrgangsstufe in einer Schulform in der Regel nur einmal wiederholen. Beim zweiten Sitzenbleiben in derselben Klasse werden sie vom Gymnasium oder der Realschule auf die Hauptschule überwiesen.[28] Eltern empfinden diesen Druck häufig viel eher als ihre Sprösslinge und geben ihn manchmal direkt an diese weiter:

»Wenn ich da nicht ständig hinterher bin, dann macht der überhaupt nichts«, erklärt Gabriele S. Die Rede ist von ihrem 12-jährigen Sohn Johannes. »Also ›trete‹ ich ihn. Unter zwei Stunden Schularbeiten täglich kommt der mir überhaupt nicht vor die Tür. Aber das kostet«, ergänzt sie, »auch sehr viel Kraft. Es funktioniert nur über permanente Reibereien. Sagen Sie mir, wie geht das ohne diesen zermürbenden Machtkampf?« Die Anstrengung ist ihr anzumerken:»Es läuft immer häufiger so, dass ich ihm etwa die Vokabeln abhören soll, und er kann sie überhaupt nicht. Er sitzt dann da und sagt: ›Mmmhh, mach mal die Nächste‹ oder ›Das wusste ich doch gerade noch‹, aber er weiß sie nicht. Er weiß sie einfach nicht. Ich werde dann natürlich ungehalten und gehe in Kampfposition. ›Du gehst nicht zum Fußballspielen raus, bevor du deine Vokabeln kannst‹, schleudere ich ihm entgegen, erst dann lernt er. Die Stimmung bei uns zu Hause, die können Sie sich ja vorstellen.«

Ich schlage ein Rollenspiel in der Gruppe vor. Frau S. spielt sich selbst, also die Mutter. Die Szene läuft etwa so ab wie beschrieben. Die Mutter geht als die »Gewinnerin« hervor. Dennoch, so berichtet sie hinterher, habe sie sich hilflos gefühlt. Dem »Sohn« ist es ähnlich ergangen, er fühlte sich ebenso hilflos. Ihm war klar: »Da muss ich wohl nochmal ran.« Andere Teilnehmerinnen hatten Mitleid mit dem Sohn. Die Mutter sei so hart gewesen. Wieso sollte der Sohn sich auch besonders anstrengen? Die Mutter strengt sich ja schon genug an. Einen echten Gewinner gibt es nicht in diesem Kampf – nur zwei Geschlagene.

»Motivation« heißt für manche Eltern die Zauberwaffe, und das verführt in den meisten Fällen zu der bei jüngeren Kindern häufig noch funktionierenden »Wenn-dann«-Methode: »Wenn du raus willst, musst du lernen«, »Bevor du deine Aufgaben nicht gemacht hast, geht es nicht an den Computer«, »Wenn du die Klasse schaffst, bekommst du ein Mofa«.

Andere bezeichnen diese Art der Motivation schlicht als »Erpressung«. Zumindest funktioniert sie immer weniger, je älter die Kinder werden. Einsicht und selbstverantwortliches Handeln werden dadurch jedenfalls nicht gefördert.

Es klappt – wenn überhaupt – für diesen Moment. Beim nächsten Mal muss die »Belohnung« für das Kind noch toller, noch begehrenswerter sein.

»Bei uns würde Druck auch nicht den gewünschten Erfolg bringen. So sind meine Kinder nicht«, wirft Hildegard M., Mutter von zwei Kindern, ein: *»Lernen müssen sie schon alleine.«* Sabine P. pflichtet ihr bei: *»Ich war selbst neun Jahre in der Schule und musste lernen. Jetzt sind meine Kinder dran. Sie müssen sehen, wie sie das schaffen.«* – *»Druck würde ich schon gerne ausüben, unser Sohn müsste dringend was tun, aber zwei Stunden lernen am Tag? Auslachen würde er mich«*, erzählt eine andere Mutter. *»Meiner Tochter könnte ich so überhaupt nicht kommen«* meint Magret H. *»Als sie 13 war, da hat das noch funktioniert auf diese Weise, aber heute, mit 15, da gibt es einfach nur noch Krach, die Türen knal-*

len, und sie rutscht in der Schule immer weiter ab.« – »Was will sie denn einmal werden?«, möchte jemand aus der Gruppe wissen. »Krankenschwester.« – »Kann man ihr denn nicht klarmachen, dass sie dafür einen Abschluss braucht?« Frau H. winkt ab. »Sie hat das mal so gesagt, aber über die Konsequenzen scheint sie sich nicht im Klaren zu sein. Irgendwie fehlt ihr die Motivation.« – »Aber tatenlos zusehen, wie sie irgendwann auf der Straße stehen? Das kann es doch auch nicht sein.«

Marlies B. ist zu einer anderen Strategie übergegangen: Sie erhielt von ihrer Tochter Sabrina nur noch spärliche Informationen über die Schule. Abends, wenn sie von der Arbeit nach Hause kam, antwortete Sabrina auf ihre Fragen ausweichend: »Wir haben die Klassenarbeit noch nicht zurück« oder »Die Schulaufgaben habe ich schon gemacht« waren die Standardantworten der 12-Jährigen. Irgendwann wurde Frau B. misstrauisch und durchsuchte die Schultasche. Da fand sich auch das Klassenarbeitsheft mit der Sechs. Frau B. stellte ihre Tochter zur Rede. Enttäuscht sei sie, dass sie sie angelogen habe. »Wie kannst du das nur machen?«, habe sie sie gefragt. – »Lassen Sie das Durchsuchen der Schultasche«, baten wir Frau B., »Sabrina wird andere Möglichkeiten finden, Ihnen auszuweichen, wenn sie das will. Sinnvoller wäre ein Gespräch, in dem es um Sabrinas Angst geht, bestimmte Sachen zu erzählen.« Frau B. hat so ein Gespräch geführt. »Angst vor ihrer Reaktion« habe sie gehabt, hat Sabrina geantwortet. Sie habe befürchtet, dass die Mutter sauer werde, wenn sie schlecht in der Schule sei. Frau B. ist immer noch aufgelöst.

Aus den Kindern soll was werden

»Meine Söhne sind beide im letzten Jahr sitzen geblieben«, erzählt ein Vater lachend. »Sie lachen?«, frage ich ihn. »Ja, aber nur hier«, gibt er zu, »das war ein hartes Jahr und ich mache mir schon ziemliche Gedanken, wie das weitergehen kann.«

Aus der Sorge um die schulischen Leistungen unserer Kinder spricht in erster Linie natürlich die Sorge: »Wie können die Kinder später alleine klarkommen? Was wird aus ihnen?«

Manche formulieren es auch krasser: »Die sollen mir auch nicht länger als unbedingt nötig auf der Tasche liegen und bei mir rumhängen. Die werden geholt, wenn sie mir nichts erzählen, und kriegen dann klare Befehle.« Dabei übersehen die Eltern, dass das Ziel ja nur sein kann, dass die Jugendlichen ohne »Befehle« handeln lernen.

Die Eltern stehen auch selbst unter Druck: »Bin ich schuld, wenn mein Kind die Schule nicht schafft?«, fragen sich manche. Und diesen Druck, der nicht nur durch das Desinteresse der Kinder an der Schule entsteht, sondern auch durch eine hohe Verantwortlichkeit, die die Eltern bei sich sehen, geben sie auch an ihre Kinder weiter. Nach dem Motto: Wenn mein Kind nicht lernt, den Abschluss nicht packt, bin ich Schuld, also muss ich es zu besseren Leistungen »triezen«.

Ganz real sitzt ihnen auch die Arbeitsmarktsituation im Nacken: »Ohne einen vernünftigen Abschluss können die ja gleich einpacken.« – »Also Abitur müssen sie heutzutage schon haben, selbst wenn sie hinterher nur eine stinknormale Lehrstelle als Schreiner suchen.«

Andererseits gibt es auch da Abstufungen: Wie gut müssen, sollen sie sein? Wie hoch ist der Anspruch der Eltern? Soll aus den Kindern etwas Besseres werden? Oder reicht auch ein Hauptschulabschluss, mit dem die Kinder es dann vielleicht »nur« bis zur Kassiererin bringen?

Aus solchen und ähnlichen Vorstellungen leitet sich der Druck ab, der an die Kinder weitergegeben wird. »Ich will nicht, dass mein Kind hinterher mit der Schaufel auf der Straße steht«, ist der Wunsch einer Mutter, dem viele Eltern beipflichten. »Gabelstaplerfahrer bei Aldi will mein Sohn auch nicht werden, das ist ihm schon klar«, erzählt Michaela K. »Wieso eigentlich nicht? Ich kenne viele Lagerarbeiter, die ihr Leben leben und zufrieden sind«, entgegnet Hildegard M. »*Ich habe meine Tochter auf die Real-schule getan, dann kann sie eben später darauf aufbauen. Auf dem Gymnasium gehörte sie immer zu den Letzten. Das war frustrierend für sie. Jetzt kommt sie gut mit*«, erzählt Lisa M. Auch Klagen über Lehrer, die Schule und das Notensystem hängen häufig mit dem Schuldruck zusammen. »*Es läuft doch alles nur noch nach dem Prinzip ›Friss oder Stirb‹*«, meint eine Mutter. »*Wirklich interessieren tun sich die Lehrer doch nicht für unsere Kinder.*« Lehrer sollten viel mehr machen, sind manche Eltern der Meinung, es sei ja schließlich ihre Aufgabe. Solche Klagen entlasten ein bisschen, letztendlich helfen tun sie aber nicht.

Die Haltung der Kinder

Schule bedeutet auch für viele Jugendliche Stress. Es gibt Fächer, die sie mögen, andere, die sie gar nicht mögen, ebenso geht es mit den Lehrern. Grundsätzlich aber gibt es viele, die froh wären, sie hätten die Schule hinter sich. Ihre Motivation trotzdem durchzuhalten beruht auf der einfachen Einsicht, bloß keine »Ehrenrunde« zu drehen und dann noch ein Jahr länger die Schule besuchen zu müssen.

Andere haben an bestimmten Fächern Spaß, vielleicht weil die Lehrerin besonders engagiert ist oder ihnen das Lernen auf einem bestimmten Gebiet besonders leicht fällt. Wieder andere gehen nicht wegen des Unterrichts gern zur Schule, sondern weil sie hier ihre Freundinnen und Freunde treffen.

Aber natürlich gibt es auch einige, die die Schule lieber heute als morgen hinschmeißen würden, die sie für absolute Verschwendung von Lebenszeit halten und »null Bock« auf irgendetwas haben, was mit Schule zu tun hat. Auch die Notwendigkeit des Schulbesuches ist ihnen schwer nahe zu bringen. »Wir leben im Hier und Jetzt – Schule brauche ich nicht.« Andere Dinge interessieren viel mehr und außerdem fragen diese Jugendlichen sich:»Wo liegt da die Perspektive, der Zusammenhang mit dem ›wirklichen Leben‹?«Oder viele denken auch:»Wenn ich endlich fertig bin, krieg ich doch sowieso keine Lehrstelle.«Manche gehen nicht gerne zur Schule, weil sie wenig oder gar keine Freunde dort haben, weil sie oft außen vor stehen oder weil sie sich von den Leistungsanforderungen zu stark unter Druck gesetzt fühlen.

Tatsache ist, dass die Schule ein großes Thema für die Jugendlichen bleibt, denn schließlich verbringen sie in der Regel dort einen großen Teil ihres Tages. Und Eltern und Kindern hilft es, eine klare Haltung diesbezüglich zu entwickeln.

Wie können Eltern sich verhalten?

Generell gilt: Schule ist der»Job«der Kinder. In erster Linie müssen sie sich auch selbst darum kümmern. Und zwar nicht, weil die Eltern kein Interesse daran haben, sondern weil ihre Kinder nur durch ihre eigene Initiative lernen werden, selbst Verantwortung für sich und ihr Handeln zu übernehmen.

Auch wenn es Eltern in den Fingern juckt, heißt das ganz klar: keine Kontrolluntersuchungen des Schulranzens oder des Schreibtisches durchführen! Dem Kind grundsätzlich Vertrauen entgegenbringen und zwar Vertrauen darauf, dass es einen eigenen Bereich hat und diesen von sich aus auch optimal gestalten will. Das bedeutet nicht, dass das Thema»Schule«zu Hause ein Tabu ist. Das Stellen von Fragen und aufmerksames Zuhören signalisiert: Ich nehme Anteil an dem, was du machst und was dich beschäftigt.

»Eltern sollten sich auf jeden Fall dafür interessieren, um den Kindern ein Gefühl dafür zu geben, dass ein Interesse vorhanden ist. Andernfalls könnte es passieren, dass das Kind die Schule nicht mehr so ernst nimmt.« (Jan, 17 Jahre)

☞ Ab wann sollten Eltern sich einmischen?

»Spätestens ab Versetzungsgefahr sollten Eltern einspringen. Solange die Kinder ›nur‹ Dreien schreiben, haben die Eltern sich nicht einzumischen. Eine Drei reicht für alles.« (Hans, 14 Jahre)

Jugendliche selbst gehen sogar noch weiter in ihren Forderungen, was Eltern tun sollten, wenn die Versetzung gefährdet ist: *»Dann sollte auch mal verboten werden, ins Kino zu gehen«, »Dann fänd ich es auch o.k., wenn ich dann mal nicht raus dürfte, bis die Hausaufgaben erledigt sind.«* Aber: *»Bei jüngeren Kindern ist es völlig angemessen, dass Eltern nachfragen, ob sie ihre Hausaufgaben gemacht haben oder für eine Arbeit gelernt haben. Allerdings finde ich, sollten Jugendliche ab der neunten Klasse selbst wissen, wie viel sie tun müssen.«* (Luzi, 16 Jahre)

Selbst wissen, wie viel sie tun müssen, sollten Kinder nach Meinung der französischen Psychoanalytikerin Françoise Dolto schon viel früher. Bereits im Grundschulalter, so schreibt sie in »Alltagsprobleme mit Kindern«, sollten Eltern ihren Kindern sagen: »Ab jetzt musst du allein zurechtkommen. Wenn du Schwierigkeiten hast, kannst du gerne zu mir kommen und ich werde dir helfen.« Entscheidend für eine Hilfe sei, dass das Kind die Eltern von sich aus um Hilfe bittet. Problematisch daran ist, dass die Gesellschaft bestimmte Leistungen erwartet, die mitunter nur durch Mithilfe der Eltern erbracht werden können. Mit anderen Worten: Die gesellschaftlichen Erwartungen sind leider nicht mit den Erkenntnissen der Psychoanalyse abgestimmt. Was dazu führt, dass Eltern so weit gehen, die Hausaufgaben ihrer Kinder selbst zu erledigen. Aber eine echte Hilfe ist das nicht.

☞ Wie können Eltern helfen?

»Eltern sollten versuchen, den Kindern den Sinn der Schule beizu-bringen. Sie sollten ihnen zur Seite stehen und ihnen passiv oder aktiv helfen. Es sollte jedoch nicht so weit gehen, dass die Eltern den Kindern die Hausaufgaben machen.« (Jan, 17 Jahre)

Motivation und Interesse werden eher geweckt, wenn die Beteiligten in Entscheidungsprozesse und Überlegungen, was zu tun ist, einbezogen werden. Eltern sollten sich mit ihren Kindern hinsetzen und über das »Schulproblem« reden. Vielleicht machen sie bereits dann ganz erstaunliche »Entdeckungen«, womit der »Hänger« überhaupt zusammenhängt.

Fühlt sich das Kind über- oder unterfordert? Hat es Probleme mit einem Lehrer oder Mitschüler? Vielleicht wünscht es sich auch Aufmerksamkeit von den Eltern? Marcel erreichte durch sein auffälliges Verhalten in der Schule, zum Beispiel das Abgeben leerer Seiten bei Klassenarbeiten oder durch konsequente Nichtbeachtung von Schularbeiten, dass seine geschiedenen Eltern sich zusammensetzten und gemeinsam mit ihm redeten. Die Eltern könnten diesen Mechanismus durchbrechen, indem sie sich ab und zu treffen, auch wenn Marcels Versetzung nicht bedroht ist.

Ist die »Ursache des Übels« gefunden, könnten Eltern und Kinder gemeinsam überlegen, was zu tun ist. Ein Plan, in dem Dauer und Zeitpunkt der Schulaufgaben festgelegt werden, sollte auf jeden Fall gut zu bewältigen sein und von den Kindern mit abgesegnet werden. Eine gefundene Regelung, ein Hausaufgaben-Plan mit oder ohne Hilfe der Eltern oder Dritter wird auf diese Weise gemeinsam beschlossen.

Ist ein Gang zur Lehrerin oder zum Lehrer notwendig, sollte auch das vorher mit dem Kind abgesprochen werden oder Eltern und Kind gehen gemeinsam hin. So können die Jugendlichen mit entscheiden, was sie bereit sind zu tun, was sie leisten können und was nicht. Das fördert ihre Motivation, sich auch daran zu halten.

Natürlich haben Kinder und Jugendliche oft trotz guten Willens in der Pubertät einfach keine Lust oder keine Konzentration und können sich an ihre eigenen guten Vorsätze nicht halten. Dennoch: Eltern können ihren Kindern letztendlich keine Aufgaben und damit verbundene Konsequenzen abnehmen, denn – ob Klassenarbeit oder später der Beruf – mit den jeweiligen Anforderungen müssen die Jugendlichen schon allein und auf sich gestellt fertig werden. Deshalb kann Hilfe nur als Hilfe zur Selbsthilfe etwas nützen.

☞ Kinder sind verschieden

Manche Eltern haben bestimmte Vorstellungen im Kopf, wie die Schullaufbahn ihrer Kinder verlaufen soll, oder zumindest wünschen sie sich, dass ihre Sprösslinge mehr oder weniger »glatt« durchkommen. Doch die Kinder machen ihnen da häufig einen Strich durch die Rechnung, manchmal mit ganz individuellen Symptomen und Eigenheiten: *»Mein Sohn hat massive Wahrnehmungsstörungen«*, erzählt eine Mutter, *»und kann deshalb nur auf die Hauptschule gehen. Mir macht das große Schwierigkeiten, besonders auf Elternabenden fühle ich mich fehl am Platze, weil eigentlich gehört er ja in eine höhere Schule.«* Eine andere Mutter klagt über die Zurückgezogenheit ihrer Tochter; sie schaffe zwar die Anforderungen in der Schule, melde sich aber nie. Die Lehrerin fordert ständig von ihr, dass sie sich mehr beteiligen soll. Aber das klappt nicht. *»Ich wünschte sie hätte mehr Selbstbewusstsein, zumal ich in dem Alter auch solche Schwierigkeiten hatte.«*

»Mein Sohn hat Diabetes. Ich bin ständig hinter ihm hergelaufen, damit er seinen Zuckerspiegel kontrolliert und sich spritzt. Er kann doch gar nicht ohne mich«, meint wiederum eine andere Mutter.

Und ein Vater sagt: »*Bei uns hat sich das Schulproblem zu einem Teufelskreis entwickelt und sich auch auf die Beziehungen zu den Mitschülern ausgewirkt. Mein Sohn hatte immer weniger Kontakte, schließlich ist er nur noch vor die Tür gegangen, um Oma und Opa zu besuchen. Erst als er vom Gymnasium auf die Realschule gewechselt ist, ist er wieder aufgelebt. Ihm geht's jetzt wieder besser, nur ich komme noch immer nicht von dem Druck los, dass er die 7. Klasse auch schafft. Ich versuche ihm in Fächern zu helfen, die ich selbst nicht gelernt habe.*«

Kinder sind verschieden wie Erwachsene, was auch heißt, dass sie sowohl ihre eigenen Schwächen als auch Stärken haben. Ein wichtiger Baustein zur Stärkung ihres Selbstbewusstseins ist, die Kinder so anzunehmen, wie sie sind. Mit ihren individuellen Eigenschaften und in diesem speziellen Fall: mit ihren individuellen Schulproblemen.

»*Ich habe mir meinen Mann auch nicht nach Noten ausgesucht*«, erzählt eine Mutter in der Gruppe. Und dass auch Einsteins Genialität sich in seinen mittelmäßig bis schlechten Schulleistungen noch nicht unbedingt abzeichnete, sei hier nur am Rande erwähnt. Auch wenn aus ihren Kindern keine Einsteins werden sollten: Kinder, die sich angenommen fühlen und keine Angst vor der Fortführung des Schulstress mit anderen Mitteln zu Hause haben müssen, werden mehr Selbstvertrauen entwickeln, sich selber annehmen und auch lernen, eigenverantwortlicher zu handeln. Auch was die Schule anbelangt. Mütter können ihren Kindern die Französisch-Paukerei sowieso nicht abnehmen.

Meine Mutter hat mit uns das gemacht, was man in der Psychologie als paradoxe Intervention bezeichnen würde, das heißt, sie drehte den Spieß einfach um: »Wenn ihr eine Fünf schreibt«, kündigte sie uns an, »gibt's ein Eis. Bei einer Sechs gehe ich mit euch in der Stadt in ein Café zum Kuchen essen.« Einmal habe ich dann tatsächlich eine Sechs geschrieben. Den Ausflug mit meiner Mutter allein ins Café habe ich sehr genossen. Und danach keine Sechs mehr geschrieben.

Trost einer Mutter: »*Erstaunlicherweise wird dann doch was aus ihnen. Plötzlich in den letzten Schuljahren wurden die älteren Geschwister auch besser und sind dann doch tatsächlich noch ›anständige‹ Menschen geworden.*«

6. Kapitel

Nur noch Glotze und Computer!

Der Umgang mit den Medien

Greta S., Mutter von drei Kindern, erzählt von ihrem 15-jährigen Sohn Marvin:»*Seit drei Jahren sitzt er täglich am Computer, stundenlang. Wenn wir ihn lassen würden, säße er da von 15 bis 23 Uhr. Es ist unglaublich. Er vernachlässigt dafür alle anderen Dinge. So fehlt ihm seit einiger Zeit eine Kontaktlinse. Ja glauben Sie, er würde sich darum kümmern? Er vergisst über dem Computer beim Augenarzt anzurufen.*«

Frau S. wirkt sehr ratlos. Was er denn sonst so mache, wollen wir in der Gruppe wissen.»*Einmal in der Woche spielt er Fußball, ansonsten besucht er einen Freund, der ebenfalls ein Computernarr ist.*« Und nach einigem Zögern:»*Wir wissen nicht mehr, was wir tun sollen. Wir setzen ihm zwar Grenzen, aber ich habe doch keine Zeit ständig zu kontrollieren, ob er die auch einhält. Jetzt überlegen wir, ihm Geld zu geben, damit er sich einen Roller kaufen kann, den er sich schon lange wünscht. Und dieses Geld wollen wir an die Bedingung knüpfen, dass er zwei Monate oder länger nicht an den Computer geht.*« Leise fügt sie hinzu:»*Ich habe Angst, dass das eine Sucht ist.*«

Frau S. erhält viele Rückmeldungen in der Gruppe: Einige finden das ständige Computerspielen auch sehr bedenklich. Andere weisen darauf hin, dass das ewige Nörgeln am Computerspielen irgendwann wie das Nörgeln an der Person wirke. Einige sind der Meinung:»*Die Jugendlichen müssen eine Fluchtburg haben, sich zurückziehen können, und der Computer eignet sich eben dafür.*« Es kommt der Vorschlag, mit dem Sohn gemeinsam Computer zu spielen, um zu sehen, was daran das Faszinierende ist. Wir bestätigen ihre Tendenz, mit ihm feste Zeiten abzusprechen. Und auch Konsequenzen zu ziehen, wenn er sich nicht daran hält. Eine Verknüpfung »Roller gegen Computerspielen« ist nicht sinnvoll, denn sie könnte dazu führen, dass er den Computer als Druckmittel einsetzt: »Immer wenn ich etwas haben möchte, spiele ich ganz oft Computer und krieg es dann schon, wenn ich dafür verspreche, wieder aufzuhören.« Obwohl eine Teilnehmerin hoffnungsvoll meint: *»Vielleicht spielt er ja von selbst nicht mehr so viel, wenn er einen Roller hat.«*

Die Haltung der Eltern

Immer wieder stöhnen Mütter und Väter in unseren Elterntreffs: *»Der spielt den ganzen Tag am Computer«* oder *»Unsere Tochter hängt nur noch vor der Glotze«*. Mit solchen Äußerungen bringen Eltern ihre Missbilligung über die »unnützen«, »verderbenden«, »abstumpfenden« Beschäftigungen, denen ihre Kinder zu Hause nachgehen, zum Ausdruck. Dass sie überhaupt nicht begeistert sind von dem, was ihre Jugendlichen da treiben, vermitteln sie ihnen durch ihre Formulierung und ihren Tonfall, etwa wenn sie sagen: »Du interessierst dich ja für nichts anderes«, »Du verblödest ja völlig«, »Mach mal was Eigenes«. Solche Sätze, die die Haltung der Eltern gegenüber den ihrer Meinung nach die Jugend verderbenden Medien deutlich machen, sind natürlich nicht unbedingt dazu angetan, Verhalten zu ändern oder gar Verständnis füreinander zu erlangen. Im Gegenteil: Es wird einerseits das gespaltene Verhältnis der Eltern zu diesen Medien deutlich, andererseits werden die Kinder mit permanenten Sätzen wie »Du sitzt ja schon wieder vor dem Computer« abgewertet.

Die Sorge, dass Medien die Jugend verderben, ist nicht neu. Schon »als die Bilder laufen lernten«, zu den Anfangszeiten des

Kinos, machte man sich über dessen die Kinder und Jugend verderbende Wirkung Gedanken:

»Am stärksten wirkt der Kinematograph natürlich auf die Kinder. Er erregt und überreizt ihre Phantasie, sie verwechseln seine Wirklichkeit mit Sittlichkeit, Tatsächliches mit Erlaubtem. Ihre mühsam gefestigten Grundbegriffe von gut und böse werden verwirrt. Den Kleinen werden zu früh die Augen geöffnet über Dinge, für die sie noch kein Interesse haben, auf die sie aber nach wiederholtem Sehen achten. Das köstliche Gut der Kinderseele, die Reinheit, wird vernichtet.« (Pastor Walther Conradt, 1910)

Und als der Tonfilm »salonfähig« wurde, »unkte« der Erfinder Thomas Alva Edison: »In wenigen Jahren wird der Tonfilm das Lehrbuch weitgehend, wenn nicht vollständig abgelöst haben.« (1922)[29]

Dringend vonnöten ist eine differenzierte Auseinandersetzung mit der eigenen Haltung zu den Medien, mit dem, was da eigentlich passiert, und auch mit den Gründen für die permanente Beschäftigung des Kindes mit Computer und Fernsehen, mit seiner Vorliebe für »ohrenbetäubende« Musik und häufige Kinobesuche. »Bin ich selber der Meinung, dass das alles Teufelszeug ist, dass die Jugendlichen zu passiven Kreaturen verkommen, die sich nur noch berieseln lassen und keine eigenen Aktivitäten mehr entwickeln können?« – »Sind Computerspiele meiner Meinung nach lediglich Zeitverschwendung und kompensieren sie fehlende Sozialkontakte oder überwiegen der Spaß und die Erfolgserlebnisse, die die Jugendlichen sich da holen können?« Auch die Frage »Wie benutze ich selber Medien?« ist erlaubt. »Läuft bei uns ständig der Fernseher und verhindern wir damit selbst jedes aufkommende Gespräch in der Familie?« oder »Gibt es ein Fernseh-Tabu auch für die Erwachsenen?«.

Über die Beschäftigung mit der eigenen Haltung zu den Medien fällt es leichter zu sagen »Das ist jetzt eher mein eigenes Problem« bzw. »Der Umgang meines Kindes mit diesem oder jenem Medium ist wirklich problematisch«. Eltern, die sich etwa mit der Technik grundsätzlich schwer tun oder Angst vor ihr haben, sind eher geneigt, sie auch bei ihren Kindern zu »verteufeln«. Zu einem normalen Umgang mit Computer und Fernsehen gehört die Frage, wie ich das Medium so nutzen kann, dass es mir nützt. Wenn ich mich damit auskenne, muss ich mich auch nicht zum Sklaven machen. Kinder haben immer »Erwachsensein« gespielt, um sich darauf vorzubereiten. Sie waren Lokführer, Verkäufer, Mutter. Für Kinder und Jugendliche heute ist das Computerspiel u.a. die Probe des Erwachsenseins. Sie können sowohl aus dem Fernsehen lernen als auch aus Computerspielen Erfolgserlebnisse ziehen. Musikidole sind Vorbilder, die anspornen können, und Kinobesuche sind Anlässe, sich mit Freunden zu treffen und gemeinsam etwas zu erleben.

Wie werden Medien genutzt?

Wichtig sind die Motivation des Jugendlichen für die Benutzung des Mediums und auch der zeitliche Rahmen, in dem sich das abspielt. Ist der Computer lediglich ein Medium, das Spaß macht, etwa um im Chat-Room eine ausgedachte Kontaktanzeige aufzugeben: »Sven, schön, blond, Surf-Ass, sucht hübsche Surf-Ass-Frau zum gemeinsamen um die Welt Surfen«, um dann über die Antwort der noch schöneren Sabrina zu kichern, die auch ein Surf-Ass ist und dazu noch intelligent und Kino-Fan?

Verschwinden die Jugendlichen dann ganz schnell wieder aus dem Internet, bevor es ernst wird und wenden sich den realen

Freunden zu? Oder hängen sie wirklich stundenlang davor, aus Mangel an realem Kontakt? Die Frage ist dann immer noch: Was war zuerst? Der Kontaktmangel oder der »Fluchtort« Computer? Jugendliche, die als Kinder keine Schwierigkeiten im Umgang mit anderen hatten, die gern und viel gespielt haben und sich gut selbst beschäftigen konnten, sind nicht so leicht in der Gefahr, sich durch die anhaltende Computer-Nutzung zu einem »passiven, kontaktarmen, phantasielosen Etwas« zu entwickeln.

Wie können Eltern sich verhalten?

Wenn Eltern sich genauer mit den Computer- und Fernsehgewohnheiten auseinander setzen, werden sie vielleicht herausfinden, ob ihr Kind nur anfänglich von diesem Medium fasziniert ist, um dann nach einer gewissen Zeit einen gemäßigten Umgang damit zu finden. Ist der Computer wichtiger als andere Freizeitaktivitäten? Gibt es vielleicht ernsthafte Probleme, die die Jugendlichen hinter der permanenten Beschäftigung mit dem Computer verbergen?

Fragen Sie ihre Kinder ruhig, welchen Stellenwert das eine oder andere Medium für sie hat. Was ist ihnen daran wichtig? Wie können die Jugendlichen selber feststellen, dass die »Nutzen-Grenze« überschritten ist? Vielleicht setzen Sie sich gemeinsam mit ihrem Sohn oder ihrer Tochter an das vermeintlich »teuflische Gerät« und spielen einmal sein oder ihr Lieblingsspiel zusammen. So werden Sie die Faszination der Kinder vielleicht herausfinden. Erarbeiten Sie gegebenenfalls gemeinsam mit dem Kind einen Zeitplan für die Nutzung des Computers und des Fernsehers: Wie lange ist die Beschäftigung damit sinnvoll, wenn auch noch andere Dinge zum Zuge kommen sollen? Dieser Plan kann dann je nach Alter und Erfahrung immer wieder verändert werden.

Greta S. ist dem Rat der Gruppenmitglieder gefolgt: Sie hat

mit ihrem Sohn Computer gespielt. »*Das war sehr interessant, wenn einer ein Spiel gewonnen hat, hat es sogar eine Siegerehrung gegeben.*« Außerdem hatte sie ein Gespräch mit ihrem Mann, der auf ihre Bitte hin keine negative Bemerkung mehr über den Computer gemacht hat. Es habe sich zwar bislang noch nicht viel im Verhalten des Sohnes verändert, aber sie fühle sich schon mal sicherer ihm und dem leidigen Thema »Computer« gegenüber. Ein erster Schritt.

7. Kapitel

»Das geht mich wohl nichts an.«

Was machen die Jugendlichen eigentlich?

»Meine Kinder sollen nach der Schule zum Essen nach Hause kommen, nach dem Mittagessen helfen, den Tisch abzuräumen, ihre Schulaufgaben machen und dann zum Basketball oder zum Gitarrenunterricht gehen oder sich mit Freunden treffen und maximal eine Stunde vor dem Fernseher oder Computer verbringen.«

Eltern haben manchmal ganz bestimmte Vorstellungen davon, was ihre Kinder machen sollen bzw. was nicht. Aber nur die wenigsten Jugendlichen halten sich heute daran. Und was sie stattdessen tun, gefällt den Eltern oft gar nicht. Im Gegenteil.

Was machen die Jugendlichen, was wir nicht mitbekommen?

Was manche Eltern von ihren Kindern zu sehen bekommen, ist nicht allzu viel und häufig auch nicht dazu angetan, um in Begeisterungsstürme auszubrechen. Der Haarschopf oder die Füße eines hinter dem Computer hockenden 15-Jährigen oder das »Tschüs, ich bin weg« einer 14-Jährigen, die es nach der Schule gerade noch mal schafft, die Schultasche nach Hause zu bringen, sind nicht gerade viel.

Was die Kinder innerlich bewegt, bleibt für Eltern oft ein Buch mit sieben Siegeln. Und das aus verschiedenen Gründen: Entweder schweigen die Jugendlichen sich nachdrücklich darüber aus oder die Zeit, auch der Eltern, ist knapp. Sie können nicht da sein, wenn ihre Kinder aus der Schule nach Hause kommen, oder es gibt andere Probleme, die drängender erscheinen. Manche Interessen, die die Jugendlichen haben, wollen Eltern vielleicht auch gar nicht wahrnehmen.

»*Mein Sohn sitzt über seinen Büchern und lernt Vokabeln, aber er kann sich nicht konzentrieren, er kann sie hinterher nicht*«, erzählt eine Mutter. »*Woran denkt er denn? Was ist ihm denn wichtig?*«, wird sie gefragt. »*Keine Ahnung*«, lautet ihre Antwort. Dass er an Mädchen denkt, wie eine andere Teilnehmerin spekuliert, weist die Mutter entschieden zurück.

Dennoch: Jugendliche haben Lebensbereiche, die die Eltern nicht unbedingt mitbekommen sollen.

Wenn die Jugendlichen Probleme haben

Jugendliche setzen sich auch kritisch mit den familiären Gegebenheiten auseinander. Meist sehr vorwurfsvoll, manchmal sehr nach innen gewendet, etwa wenn sie Angst haben, ihre Wut und ihre Trauer laut zu äußern. Familienprobleme, wie die Trennung der Eltern, furchtbare Streits, die nicht aufgelöst werden, wechselnde Partner der Eltern, aber auch eigene Themen wie Aussehen, Fähigkeiten, Geld, Freundschaften beschäftigen sie sehr.

Wenn mit den Kindern etwas nicht stimmt, wenn sie an etwas sehr zu »knacken« haben, brauchen sie Eltern, die aufmerksam sind und die auch versteckte Signale erkennen.

Birgit B. berichtet in der Gruppe voller Sorge von ihrer Tochter, dass sie sich »ritzt«. Das heißt, sie fügt sich mit Messern, Schere oder Scherben Wunden an den Armen zu. Diese verbirgt sie dann unter langärmeligen T-Shirts. Frau B. weiß das, traut sich aber kaum, mit ihrem Mann darüber zu reden, und macht sich furchtbare Sorgen. Dazu kommt, dass die Tochter sich den Kopf kahl schert und immer »furchtbar aussieht«, wie die Mutter findet. Sie entschließt sich, mit ihrer Tochter über die Sorgen zu sprechen, die sie sich macht. Einige Wochen später erzählt sie, ihre Tochter »ritze« sich nicht mehr. Keiner wisse warum. Aber am Sonntag habe sie ihr mitgeteilt, sie mache das nicht mehr. Sie habe sich wieder den Kopf rasieren wollen und habe es dann gelassen. Sie ziehe jetzt andere Klamotten an, schminke sich und lasse sich die Haare wachsen. Ihre Tochter sei wie ausgewechselt, und sie selbst habe es kaum glauben können. Unter Tränen habe ihr die Tochter das alles eröffnet. Die Mutter vermutet, dass es vielleicht doch genützt hat, dass sie die Tochter immer so akzeptiert haben, wie sie war. Außerdem hätte sie in letzter Zeit nicht mehr nur zwischen Tür und Angel etwas gesagt, sondern richtig mit ihr geredet und ihr mitgeteilt, dass sie sich Sorgen mache. Gelöst ist das Problem sicher noch nicht.

Warum sich ein Mensch selber verletzt, kann viele Ursachen haben. Sicher ist, dass er schwerwiegende Probleme hat und sich nicht anders zu helfen weiß, als sich selber sehr weh zu tun. Aber vielleicht hat Frau B. einen Anfang gemacht, der es ermöglicht, dass zwischen ihr und ihrer Tochter eine bessere Verständigung möglich wird, dass sie vielleicht mit ihr übereinkommt, eine Beratungsstelle aufzusuchen, was in diesem Fall sicher sinnvoll ist.

Manche Eltern spüren, dass die Kinder sich immer weiter entfernen, dass ihnen jegliche Kontrolle entgleitet. Sie wissen nicht, warum die Kinder sich so verschlossen oder so streitsüchtig verhalten. Sie fühlen sich ohnmächtig und dem ausgeliefert, was sie als Nächstes wieder geboten kriegen. Und in ihrer Verzweiflung greifen Eltern schon mal zu unlauteren Methoden: Da wird der Schulranzen nach vorenthaltenen Klassenarbeiten durchforstet, da werden Freunde ausgehorcht, da wird das Nachtkästchen durchwühlt oder das Tagebuch gelesen. Das kann üble Konsequenzen haben.

> *»Pfoten weg vom Tagebuch ist eine goldene Regel, die sich Eltern hinter die Ohren schreiben sollten. Und noch eine: Niemals dürfen Eltern in den Kinderzimmern herumstöbern: Sie könnten beim Lesen ihrer eigenen Liebesbriefe, die den Kindern als Vorlage dienen, erwischt werden.«* (Julia 15, und Sebastian, 19 Jahre)[30]

Derartige Spionageversuche seitens der Eltern sind durchaus verständlich, doch dienen sie in keinster Weise als vertrauensbildende Maßnahme, die ja unbedingt nötig wäre. Sie bewirken im Gegenteil, dass die Jugendlichen noch mehr »dicht machen«. Sabine erzählte in einer Mädchengruppe, dass ihre Mutter ihr Tagebuch gelesen habe. Ihre Konsequenz: *»Ich habe es sofort verbrannt, jetzt kann sie es nicht mehr lesen.«*

Dennoch kann es Ausnahmen geben, etwa wenn die Eltern berechtigte Sorgen haben, dass ihr Kind Drogen nimmt. Dann kann sogar das Durchsuchen der Nachttischschublade sinnvoll sein. Ein Gespräch über die Sorgen sollte aber einer solchen Aktion auf jeden Fall vorausgehen. Denn die Chance, von den Jugendlichen selbst etwas zu erfahren, darf nicht ungenutzt bleiben.

Wofür interessieren die Jugendlichen sich?

Was geht in den Köpfen von Jugendlichen vor? Was bestimmt ihr Handeln?

Eine Pauschalantwort gibt es nicht. Die Interessenspalette reicht von Inline-Skates über »Kataloge angucken«, eine Band gründen bis hin zu »einfach mal was alleine ausprobieren«, »rumhängen« oder eben »Mädchen« bzw. »Jungs«. Die Jugendlichen befassen sich noch einmal in ganz anderer Weise mit ihrem

Körper, mit Freunden und mit dem »anderen Geschlecht«: »Wie sehe ich aus?«, »Wie wirke ich?« sind Fragen, die Jugendliche an sich selber stellen. »Bin ich normal?«, »Was kann ich gegen meine Akne tun?«, »Wie finde ich einen Freund?« sind Fragen, die Dr. Sommer und andere Kummerkasten-Onkels und -Tanten immer wieder gestellt bekommen.

> *»Uns interessiert, was die meisten Mädchen interessiert: Jungen, weggehen, weggehen ohne Eltern – und Partys. Außerdem haben wir auf Schule nicht mehr so 'ne Lust.*« (Fee und Jana, 13 Jahre)

In unseren Gruppen für junge Mädchen stellen wir immer wieder fest: Aussehen und Selbstwertgefühl sind zentrale Pole, um die sich die Gedanken der Mädchen drehen. Sie vergleichen sich mit anderen, wollen so sein wie X oder Y oder auch ganz anders. Freundinnen und das Eingebundensein in eine Clique geben ihnen Halt. Sie interessieren sich für Jungs in der Weise: »Wie kann ich einen kennen lernen?«, »Wie kann ich einen für mich interessieren?«, »Wie weit darf ich gehen, sodass ich es noch gut finde?« Aufgeklärt sind die meisten, sowohl über Aids als auch über Verhütung. Ihre wichtigsten Fragen drehen sich erst einmal um die Beziehungen oder das Aufbauen von Beziehungen. So erklärt sich beispielsweise auch der Erfolg vieler Vorabendserien. Hier geht es genau darum: »Kriegen die sich und wie machen die das?«[31]

Probleme werden noch relativ häufig mit den Eltern diskutiert: »Mit wem sprechen Sie, wenn Sie Probleme haben?« wollte die Zeitschrift »Die Woche« von 1000 Jugendlichen zwischen 15 und 20 Jahren wissen: 73% gaben ihren Freund oder ihre Freundin an. Immerhin 60% die Eltern, 24% Bruder und Schwester.«[32] Aber für Beziehungsfragen und »wie das genau geht« sind doch eher Gleichaltrige die Vertrauenspersonen. So sind für die Frage »Was bedeutet es wohl, dass Thomas mich letztens in der Bahn so nett angelächelt hat?« Gleichaltrige einfach die besseren Gesprächspartner und das ist auch gut so. Einerseits können sie die anstehenden Probleme besser verstehen, weil sie sie auch haben. Eltern dagegen sind schon lange darüber hinaus und können sich kaum noch an ihren ersten Liebeskummer erinnern, machen sich womöglich noch lustig darüber oder verniedlichen die Kinder nach dem Motto: »Oh wie süß, dann haben sie sich geküsst.« Von Gleichaltrigen fühlen sich die Jugendlichen ernst genommen.

»Ich denke, dass viele Kinder oder Jugendliche merken, dass manche Probleme besser mit Freunden zu lösen sind als mit Eltern. Dies sind oft Probleme mit anderen Menschen. Sachen wie Zukunftsängste werden zum Beispiel lieber auch mit Eltern diskutiert, da sie mehr Erfahrung haben und einen besser beraten können.« (Jan, 17 Jahre)

Andererseits sind Freunde auch wichtig, um sich auf gleicher Ebene auszutauschen und sich von den Eltern abzunabeln. Eine »Busenfreundin« trägt zum Selbstwertgefühl des Mädchens bei. Mit ihr kann sie gemeinsam »losgehen«, sich gleich kleiden, dieselbe Sprache sprechen, dieselben Stars verehren, Pizza essen gehen und dieselben Sachen »doof« finden. Ein »Busenfreund« »steht« auf den gleichen Fußballclub, die gleiche Musik, hat das gleiche Steckenpferd, man kann mit ihm stundenlang hinter dem Computer sitzen oder einfach nur abhängen.

Wie können Eltern sich verhalten?

Für Eltern ist es oft schwierig, eine angemessene Haltung zu finden, mit der sie einerseits den Jugendlichen signalisieren: »Es ist mir nicht egal, was du machst«, und aus der andererseits aber auch deutlich wird: »Ich respektiere dich und deine Privatsphäre.«

»Ich erzähle meiner Mutter fast immer von meinen Problemen und Gefühlen, doch wenn ich es ihr nicht sagen möchte, sollte sie nicht weiter nachhaken. Ich weiß keine bestimmten Themen, die sie nichts angehen, doch meine Eltern sollten sich zurückhalten, wenn ich sie nicht nach etwas frage.« (Luzi, 16 Jahre)

Respekt heißt auch, dass der oder die Jugendliche etwas Eigenes zu Hause hat, an das niemand dran darf. Wenn es kein eigenes Zimmer ist, so eine eigene Wand oder ein eigener Schreibtisch oder Schrank. Ähnlich wie für das Briefgeheimnis gilt natürlich auch für das Tagebuch, den Schulranzen und andere persönliche Dinge: Pfoten weg. Das fällt gerade Müttern schwer, die ihren Kindern die Betten machen und dann zwangsläufig den in die Schrankritze gestopften Zigarettenkippen oder unter der Matratze versteckten Pornoheften begegnen. Distanz ist nicht leicht, gerade wenn man das Gefühl hat, die Kinder vor »schlechten Freunden« bewahren zu müssen oder ihnen eine Enttäuschung ersparen zu wollen. Aber in der Regel ist Distanz notwendig. Vertrauen lässt sich nur aufbauen, wenn ein Vertrauensvorschuss gegeben wird. Auch wenn Enttäuschungen auf Seiten der Eltern nicht ausbleiben.

Auf Vertrauen setzen

Ruth B. ist Mutter des 15-jährigen Thomas. Ganz aufgebracht erzählt sie in der Gruppe, dass am letzten Wochenende etwas passiert sei, das sie sehr enttäuscht habe. Und jetzt wisse sie nicht mehr, was sie machen solle: »*Seit einiger Zeit übernachtet Thomas vorzugsweise bei seinem 17-jährigen Freund Milan in der Nachbarschaft. Auch am letzten Wochenende hat er gefragt, ob er dort übernachten kann. Ich habe es ihm erlaubt, wohl wissend, dass die Mutter von Milan praktisch keine Grenzen setzt, dass die Jungs da sozusagen freie Bahn haben. – In der Früh bin ich dann um halb fünf wach geworden, als ich die Stimmen meines Sohnes und seines Freundes auf der Straße hörte. Da sind die gerade erst von irgendetwas zurückgekommen. Ich habe Thomas dann am nächsten Tag, als er, wie abgesprochen, gegen ein Uhr mittags nach Hause kam, zur Rede gestellt, ob er vielleicht auf dem Musikfestival im Nachbarort gewesen sei. ›Ja‹ war seine kleinlaute Antwort. ›Warum hast du mich nicht gefragt, ob du dahin darfst?‹, wollte ich wissen. ›Du hättest es mir ja sowieso nicht erlaubt‹.*«

Auf die Frage der Teilnehmer, ob sie es erlaubt hätte, sagt sie: »*Ja, aber nicht so lange. Ich habe ihm jetzt gesagt, dass er erstmal nicht bei seinem Freund übernachten darf.*« Die Enttäuschung darüber, dass er sie so »hintergangen« hat, ist ihr anzumerken. Und vor allem stellt sich ihr die Frage, wie sie sich weiter verhalten soll. Ein unbegrenztes Verbot löst die Situation sicher nicht auf und wird lediglich als harte Strafe erlebt. Andererseits ist es unglaubwürdig, eine Konsequenz auszusprechen, die dann sowieso nicht eingehalten wird. Eine zeitliche Begrenzung des ausgesprochenen Verbotes würde deutlich machen: »*Mit 15 Jahren kann und will ich dich nicht bis morgens um halb fünf ausgehen lassen, mein Vertrauen zu dir ist zwar gestört, aber nicht auf ewig. Danach werden wir es wieder probieren und gucken, ob es doch mit Vertrauen geht.*«

Viele Eltern sind völlig enttäuscht, wenn sie feststellen müssen, dass ihre Kinder ihnen Dinge verschweigen oder sie sogar belügen. Die Frage ist immer: Was steckt dahinter? Wollen sie lediglich austesten, was möglich ist, oder ist die Beziehung so gestört und der Rahmen der eigenen Möglichkeiten so eng gesteckt, dass die Jugendlichen zu dieser Notlösung greifen? Interessieren sich die Eltern vielleicht allzu intensiv für Bereiche, die sie wirklich nichts angehen, und die Jugendlichen schaffen es nicht, ihnen deutlich zu sagen: »Das ist ausschließlich meine Sache«?

»Haben Sie Ihre Eltern nie belogen?«, fragen wir die Gruppe. Keiner sagt nein.

»Eltern sollten sich nicht einmischen, wenn es um das eigene Zimmer oder wenn es um Liebe geht. Wenn das Kind einen Freund hat, den sie nicht akzeptieren, sollten sie sich nicht einmischen. Auf keinen Fall eine Freundschaft verbieten.« (Hans, 14 Jahre)
»Laden Sie doch den 17-Jährigen zu sich nach Hause ein«, kommt ein Vorschlag aus der Gruppe, der aber von Frau B. abgewehrt wird: *»Das ist für die doch völlig uninteressant.«* Mag sein, aber »offene Türen« machen Verhalten und Umgang der Jugendlichen transparent. Das heißt nicht, dass Eltern jetzt unbedingt einen Taubenschlag aus ihrer Wohnung machen müssen, in dem es nur noch ein und aus geht, und sie selbst um einen letzten Bissen vom Brot bitten müssen. Eltern können ihre Sorgen äußern, sollten aber nicht die Freunde schlecht machen. Das bewirkt lediglich, dass deren Attraktivität immens steigt.

Manchmal habe ich auch den Eindruck, dass Eltern die Freunde ihrer Kinder gar nicht zu genau kennen »dürfen«, weil sie dann feststellen würden: »Die sind ja gar nicht so schlimm.« Meine Tante Josi hatte die Maxime: »Den Freunden meiner Kinder begegne ich fast noch zuvorkommender als den eigenen Kindern.« Sie lud die größten »Unholde« zum Kaffeetrinken ein. Da saßen sie dann: langhaarig, ungepflegt. Selbst den größten Rabauken schmeckte Tante Josis selbst gebackene Sahnetorte. Sie plauderten artig von ihren Eltern, der Schule, dem Motorrad und kamen ebenso artig wieder, manchmal sogar gewaschen und gekämmt.

Meine Kollegin Angela machte in der Erziehungsberatungsstelle die Erfahrung, dass Eltern immer wieder den schlechten

Einfluss der Anderen auf ihre Kinder geltend machen würden. Offensichtlich sind am schlechten Umgang immer nur die anderen schuld, seltsam.

☞ Freiraum ist wichtig

Manches sagen die Kinder ihren Eltern, anderes mit Sicherheit nicht. Warum auch?
»Ich sage doch meinen Kindern auch nicht alles, was ich denke oder mache«, fällt einer Mutter ein.
»Ich möchte einfach mal sagen: ›Tschüß, ich bin weg‹ – ohne gefragt zu werden. Ich will dann einkaufen oder ins Kino oder bummeln, aber ich will nichts erklären. Einfach nur selbstständig sein.«
(Hans, 14 Jahre

So schwer es manchen Eltern vielleicht fällt: Es gibt Dinge, die sie jetzt weniger angehen als vorher. War es auch bei den kleinen Kindern schon ein Gebot des Respekts, ihnen eine eigene Meinung zuzugestehen, bestimmte Sachen nicht zu erzählen, sie in Ruhe spielen zu lassen und nicht ständig dazwischenzufunken, so gilt das für Jugendliche in erweiterter Form: Ihre Intimsphäre ist heute größer und wird von ihnen weiter gesteckt.

Wenn die Jugendlichen plötzlich alleine im Bad sein wollen, respektieren Sie das. Versuchen Sie, ihnen eine eigene Ecke in der Wohnung zu verschaffen, die für andere tabu ist. Gestehen Sie ihnen »inneren Freiraum« zu. Verhöre und Kontrollen können sie nicht brauchen. Nehmen Sie Anteil und geben Sie Ratschläge, wenn diese gewünscht sind.

Seien Sie nicht eifersüchtig auf Freunde oder Freundinnen. Die sind jetzt dran, und das muss so sein. Es geht um das Selbstständigwerden der Kinder und nicht um eine Kränkung der Eltern. Hier können sie sich auf gleicher Ebene entwickeln, selbstständige Rollen einnehmen, Verantwortung tragen und sich behaupten.

8. Kapitel

»Hoffentlich passiert da nichts.«

Die sexuelle Entwicklung

Mit etwa zehn Jahren ziehen sich Mädchen plötzlich weite Oberteile an, um ihren beginnenden Busenansatz zu verdecken, möchten sich Jungen und Mädchen auch in der Familie nicht mehr ungeniert nackt zeigen und zeugen Pickel und Stimmbruch von körperlichen Veränderungen.

Wenn die Körperbehaarung sprießt, die Genitalien und die Brust anfangen zu wachsen und der ganze Körper noch einmal einen richtigen Schub in die Länge macht, beginnt die so genannte »Vorpubertät«.

Haarflaum ist der Begriff, von dem sich »Pubertät« und »Vorpubertät« ableiten. Gemeint sind die feinen Härchen, die auf den Blättern und Stängeln blühender Pflanzen oder auf Insekten wachsen. Beim Menschen bedeutet »pubes« Körperhaar. Das englische »puberty« steht für die »Zeit der Behaarung«. Das lateinische »pubertas« heißt Mannbarkeit, »puber« und »pubes« bedeuten auch: »Die Zeichen der Männlichkeit«, d.h. »Behaartheit«. Rein physiologisch betrachtet ist die Pubertät der »Eintritt der Geschlechtsreife«, ab jetzt ist eine Befruchtung möglich. Die Vorpubertät ist die Zeitspanne zwischen dem ersten Auftreten der »sekundären«, also »zweiten« Geschlechtsmerkmale und der eintretenden Funktion der Geschlechtsorgane. Beim Mädchen tritt die erste Blutung ein, Jungen haben ihren ersten Samenerguss.

Was da alles mit dem Körper vor sich geht, ist schon enorm:

Gekennzeichnet ist diese Entwicklung durch einen starken Wachstumsschub bei Mädchen und Jungen (etwa 15 bis 20 cm in drei Jahren). Bei Jungen beginnt das ungefähr mit dem 10. Lebensjahr, bei Mädchen manchmal schon zwei Jahre früher, etwa mit dem 8. Lebensjahr. Binnen der nächsten drei bis vier Jahre findet dann die Ausbildung des erwachsenen Körpers statt, und mit etwa 19 Jahren ist das Wachstum schließlich abgeschlossen. Penis und Hoden der Jungen vergrößern sich. Unter den Achseln und um die Genitalien wächst die Schambehaarung. Der Bart – das Symbol von Männlichkeit – beginnt zu sprießen. Wadenknochen und breitere Schultern werden sichtbar. Die Brustdrüsen schwellen an. Etwas später folgt der Stimmbruch, und die geschlechtsreifen Spermien bilden sich aus. Bei den Mädchen beginnen die Brüste zu wachsen, und unter den Armen und um die Schamlippen sprießen Haare. Um die Taille lagern sich kleine Fettpölsterchen, und schließlich, etwa zwei Jahre nach Beginn der Entwicklung der Brust, setzt die monatliche Blutung ein. »Der Mensch ist verschieden« sagte meine Großmutter immer und so auch seine körperliche Entwicklung. Mit anderen Worten: Es gibt Frühstarter und Spätzünder, beides ist kein Grund zur Sorge.

Die Wirkungen

»Schuld« an dieser rasanten Entwicklung sind die Hormone, die ihre Wirkung entfalten. Bei Mädchen heißen sie Östrogene, bei Jungen sind es die Androgene.

Das hat erst einmal positive Folgen, wie die sexuelle Reifung und natürlich die Fruchtbarkeit. Hinzutreten können aber auch Depressionen, körperliches Unwohlsein, Müdigkeit oder Leistungsabfall, was den meisten erwachsenen Frauen durch Pilleneinnahme, Wechseljahre oder jegliche Art von natürlicher oder künstlicher Hormonzufuhr als negative Auswirkung von hormonellen Veränderungen bekannt ist. Manche Erwachsenen können sich vielleicht auch noch an die Stimmungsschwankungen aus ihrer Pubertät erinnern. In jedem Fall absorbiert die aufkeimende Sexualität mit ihren hormonellen Schwankungen sehr viel Energie der Jugendlichen. Sie müssen sich mit dem Wachstum und dem Gestaltwandel auseinander setzen und eine eigene körperliche Identität ausbilden. Sie übernehmen selbst Verantwortung für die Körperhygiene, für die Ernährung und den Schlaf. Und, wohl eine der schwierigsten Aufgaben überhaupt: Es geht darum, sich selbst so anzunehmen, wie man ist. Vielen Jugendlichen fällt das schwer, vielen Erwachsenen übrigens auch noch.

Die Auseinandersetzung mit dem Körper

»Dem schießen die Hormone ein«, sagte eine Mutter über ihren 14-Jährigen, der jetzt morgens stundenlang vor dem Spiegel steht und sich mit Sprays und Gels seine Haare stylt. Stundenlang werden die Pickel, die sich jetzt im Gesicht abmalen, begutachtet. Jede Pore wird kontrolliert und misstrauisch beäugt. Die meisten Jugendlichen beschäftigen sich fast ausschließlich mit dem, was da körperlich mit ihnen passiert. Manche Mädchen versuchen ihre Brust zu verstecken oder die erste Menstruation zu verschweigen.

Die körperlichen Veränderungen bewirken bei manchen erst einmal das Gefühl, dass etwas mit ihnen passiert, das sie nicht beeinflussen können: »Es wird etwas mit mir gemacht.« Das verunsichert und liefert aus. Eine eigene Identität, ein eigenes Körperbewusstsein gilt es jetzt auszubilden. Dazu eignet sich die Inszenierung des eigenen Körpers hervorragend. Man will durch schrille Klamotten, gefärbte Haare oder Pearcing so sein wie die anderen, denn »gemeinsam sind wir stark« oder eben einfach ganz anders. Manche Jugendliche stellen sich auf diese Weise bewusst zur Schau, anderen ist es wichtig, im Einheitslook herumzulaufen. Das Stöhnen über die dringende Notwendigkeit von

Markenklamotten, weil die anderen sie auch haben, erklingt in jeder Elterngruppe.

Das Verhalten ändert sich

Bei Mädchen stellt man häufig fest, dass sie früher wie Pipi Langstrumpf waren, frech und schlagfertig, mutig und stark, und keine Situation kannten, die sie nicht zu meistern wussten. Aber plötzlich wirken sie labil, unsicher, das Selbstbewusstsein scheint wie weggeblasen. Kein Wunder, dass Pipi Langstrumpf Krummeluspillen geschluckt hat, damit sie niemals groß wird ...

Jungen in der Vorpubertät versuchen manchmal durch auffälliges Verhalten, Cliquenbildung und Abgrenzung gegen die Mädchen sich selbst zu stabilisieren und ihre Männlichkeit unter Beweis zu stellen. Mädchen werden entweder wie Luft behandelt oder abgelehnt und gehänselt. *»Ein Mädchen ist letztens bei uns heulend aus der Klasse gelaufen, weil wir sie mit ihrer komischen Aussprache geärgert haben. Als sie dann wieder reinkam, haben wir immer gesagt: ›Heulsuse, Heulsuse!‹«*, erzählt der 13-Jährige Martin. Dass er bei seiner Mutter auf Unverständnis stößt, irritiert ihn dabei wenig.

Natürlich werden auch Eltern und Lehrer nicht von dieser neuen »Aufmüpfigkeit« verschont. Besonders von der Mutter, besser gesagt, von der Beziehung zu der Mutter, müssen Jungen sich lösen. Weil alles, was mit Beziehung zu tun hat, Männern schlecht angerechnet wird ... Mit ihren Vätern verstehen sich die meisten Jungs in dieser Zeit zwischen 11 und 13 noch recht gut. Das ändert sich zwischen dem 15. und 17. Lebensjahr. Hier wird der Vater verteufelt und angegriffen, und die Mutter gerät wieder aus der Schusslinie. Wenn die männlichen Eigenschaften deutlicher hervorgetreten sind, kann der Junge sich auch Mädchen anders nähern, sich für sie interessieren. Er muss sie nicht mehr angreifen oder hochnehmen, er kann ihnen jetzt freundli-

cher nahe kommen. Wenn Jungen eine Freundin haben, wenn
also jemand »Drittes« da ist, können sie auch häufig wieder einen besseren Kontakt zu ihrer Mutter haben.

Für Eltern werden gerade die körperlichen Veränderungen
auch durch eine größere körperliche Distanz der Jugendlichen
deutlich. *»Man knuddelt nicht mehr so mit den Eltern«*, bemerkt
eine 14-Jährige aus unserer Mädchengruppe. Körperliche Berüh-
rungen gehören der Vergangenheit an. Eltern beklagen sich oft:
*»Mit meinem Sohn kann ich überhaupt nicht mehr schmusen. – Ei-
nen Kuss gibt's schon gar nicht, höchstens noch zum Geburtstag.«*

Die meisten Väter ziehen sich ihrerseits körperlich vor allem
von ihren Töchtern zurück. Auch für Eltern wirkt es heute komisch, wenn die Jugendlichen zum Kuscheln kommen.
Ein Vater kann sich erinnern, dass es ihm selbst damals so gegangen ist. Er mochte plötzlich den Geruch der Eltern nicht
mehr.

Abgrenzungen sind notwendig

Diese Abgrenzungen sind für die Jugendlichen dringend notwendig, um von der Liebe zu den Eltern zur Liebe zu Gleichaltrigen
zu finden. Lassen Sie sie. Fordern Sie Zärtlichkeiten nicht mora-
lisch ein, nach dem Motto »Ich krieg ja gar keinen Kuss mehr«.

Luise M., Mutter von zwei Töchtern, erzählt in der Gruppe,
dass sie früher selten mit ihren Eltern schmusen durfte, immer
mit dem Hinweis: »Du bist schon zu groß.« Mit ihren Töchtern
würde sie regelmäßig schmusen, mit der Älteren auch gegen deren Willen. Dieses Verhalten stößt in der Gruppe auf Widerstand: *»So lernen Mädchen doch nie, dass ihr Wille respektiert
wird, dass sie nicht alles mitmachen müssen. Wie sollen sie ›nein‹
sagen lernen, wenn dieses ›nein‹ bei den eigenen Eltern schon
nichts gilt?«* Respekt vor der körperlichen Selbstbestimmung der
Kinder ist dringend notwendig, auch um Kinder vor ungewoll-

ten Übergriffen zu schützen. Wenn man von 50-Jährigen Söhnen hört, die noch immer bei ihrer Mutter wohnen und keine andere Partnerin haben, dann hat die Ablösung nicht stattgefunden. Der erwachsene Mann ist ein Junge geblieben, unfähig, eigene Beziehungen aufzubauen. Er wird »Dauer-Sohnemann« mindestens bis seine Mutter stirbt, wahrscheinlich sogar darüber hinaus.

Wohin mit sich?

Körperlichkeit muss aus dem familiären Raum in die Außenwelt verlagert werden. In dieser Übergangsphase, wenn die Ablösung von den Eltern vor sich geht, aber noch keine neuen Liebesobjekte stabil vorhanden sind, nimmt die Masturbation einen großen Platz ein. Auf sich, auf den eigenen Körper gerichtet, können Jugendliche ihren Körper kennen lernen und dann gestärkt und ihrer selbst sicherer eine Liebesbeziehung zu einem anderen Menschen knüpfen. Wenn auch solche Sprüche wie: »Vom Onanieren kriegt man Rückenmarkschwund« oder »Lass die Hände über der Bettdecke« nicht mehr so gängig sind, ist Selbstbefriedigung doch ein Tabu für viele Jugendliche und deren Eltern. Und so geistern immer noch Gerüchte und Horrorszenarien, was dadurch alles passieren kann, durch die Köpfe. Wenn die Fragen der Jugendlichen heute eher »mechanischer« Natur sind, so signalisieren sie doch, dass man aufpassen muss. »*Kann man bei der Selbstbefriedigung entjungfert werden?*«, wollte ein Mädchen auf die Frage »Was wollt Ihr unbedingt noch in den letzten beiden Gruppenstunden klären?« wissen.

Der Schritt heraus zu anderen, selbst gewählten Partnern kann ganz langsam und undramatisch ablaufen. Häufig ist er jedoch nur mit Wucht zu schaffen. Denn jedem Anlauf, die Kindheit hinter sich zu lassen, steht die Sehnsucht nach der Vergangenheit und Geborgenheit, die man hatte, gegenüber. Dazu müssen Jugendliche sich erst einmal losreißen. Was dieser Schritt bedeutet, kann vielleicht jeder verstehen, der sich schon einmal von einem langjährig geliebten Freund getrennt hat. Nach vielleicht anfänglichen vorsichtigen Trennungsversuchen stellt man irgendwann fest, dass es erst einmal einen klaren Schnitt geben muss, man sich erst einmal richtig »losmachen« muss. Wenn dann das neue Leben schon ein wenig eingerichtet ist, kann man sich von dieser festeren Bastion aus auch wieder umwenden, und aus der alten Liebesbeziehung kann eine neue Freundschaft auf anderer Ebene werden.

In der griechischen Mythologie wird die Jungfrau Kore von Hades in die Unterwelt gezogen. Was dort mit ihr geschieht, ist nicht bekannt. Als sie nach einem langen Winter wieder aus der Erde hervorkommt, blühen wieder Blumen, Wiesen und Felder. Sie musste vorübergehend verschwinden, um als reife Frau wiederzukehren. Bei den nordamerikanischen Prärieindianern wurden junge Männer sogar ermutigt, vom Stamm wegzugehen, um persönliche Macht zu gewinnen. Sie wagten sich in gefährliche Gebiete, wo sie keinen Schutz durch den Stamm hatten, ließen sich ohne jede Nahrung auf Flößen treiben und gingen bis an die Grenze ihrer körperlichen Leistungsfähigkeit. Sie kämpften gegen wilde Tiere, setzten sich großer Kälte aus und fasteten.[33]

Zu Beginn der Pubertät geht es zunächst um ein vorsichtiges Herantasten an das andere Geschlecht. Knutschen, harmloses »Anmachen« und Anfassen nehmen den größten Raum ein. *»Woran erkennt man, ob ein Junge es ernst meint?«*, wollen die Mädchen wissen oder *»Ist immer Liebe im Spiel, wenn man miteinander schläft?«*.

Erste zarte Bande entwickeln sich und häufig ist alles nach einigen Wochen oder Tagen schon wieder aus. Beziehung muss geübt werden und dazu dienen, wie schon erwähnt, auch die so genannten Vorabendserien. Hier kann man zusehen, wie »die« das machen, ist aber selbst noch unbeteiligt. Hier können Jugendliche sich »gefahrlos« die schmerzlichen Wendungen, Irrungen und Wirrungen des Abenteuers »Liebe« ansehen. »*Ich habe da mal in ›Gute Zeiten, schlechte Zeiten‹ gesehen, wie sich ein Paar getrennt hat. Die haben sich aber wieder berappelt, das dauerte zwar, aber die haben sich dann auch wieder was Liebevolles gesagt, und irgendwann hatten die auch wieder Sex*«, erzählt ein Mädchen.[34]

Mädchen wollen viel über Jungen erfahren und Jungen über Mädchen. »*Worauf achten Jungs bei der ersten Begegnung?*« – »*Was finden Jungs schön?*« – »*Mit wem reden sie über ihre Probleme?*« – »*Was spüren Jungs beim Sex, wenn sie ihr Glied in die Scheide führen?*« – »*Wie lange dauert die Erektion beim Jungen?*« So oder ähnlich lauten Fragen der Mädchen. Auch Jungen interessiert: »*Wie muss ich sein, damit ich ankomme?*«– »*Ist der Stress mit den Markenklamotten wirklich nötig?*« – »*Wie empfindlich ist die Scheide?*«– »*Befriedigen sich Mädchen auch selber?*«– »*Was muss ich machen, um ein Mädchen zu befriedigen?*«

Hinwendung zu anderen

Mit der körperlichen Entwicklung ihrer Kinder und deren Hinwendung zum anderen Geschlecht geht für manche Eltern der »Stress« richtig los – Zeichen dafür, dass die gemeinsame Zeit, das Zusammenleben in den gewohnten Familienstrukturen begrenzt ist. Irgendwann werden die Kinder ausziehen, vielleicht eine eigene Familie haben …

Stolz und misstrauisch, ängstlich und neugierig beobachten Eltern die ersten zaghaften Kontaktversuche der Jugendlichen. Mütter reden darüber, ob ihre Kinder schon »haben« oder noch nicht. Erinnerungen an die eigenen ersten Sexualkontakte, Moralvorstellungen und eventuell eine offene, liberale Haltung nach dem Motto »Das ist doch alles ganz normal« liegen oft im Widerstreit und wechseln sich ab. Ihre Haltung schwankt zwischen

»Das ist noch zu früh« und »Man müsste nochmal 17 sein«. Angesichts der Tatsache, dass der körperliche Reifungsprozess und auch die sexuellen Erfahrungen der Jugendlichen zwei Jahre früher liegen als noch vor 20 Jahren, sollte man heute vielleicht sagen: »Man müsste nochmal 15 sein.« Zwei Drittel aller 17-jährigen haben sexuelle Erfahrungen. 38% der 14–17-jährigen Mädchen und 29% der Jungen geben an, bereits Geschlechtsverkehr gehabt zu haben.[35]

Das Verhalten und die Haltung der Eltern

Sexuelle Leidenschaften wurden und werden verteufelt, verbannt, zur Schau gestellt oder als normales, zu unserem Leben gehöriges Element betrachtet. Rousseau, sicher nicht im Trend seiner Zeit, idealisierte sie und sah sie sogar als Triebfeder für die ideelle Erhaltung der Menschheit: »Unsere Leidenschaften sind die wichtigsten Werkzeuge zu unserer Erhaltung.« Die sexuellen Leidenschaften, die Émile, den Titelhelden seines gleichnamigen Erziehungsromans, in der Adoleszenz umtreiben, öffnen ihm das Herz für die übrige Menschheit.[36]

Für Eltern stellt sich natürlich die Frage: *»Wie reagiere ich auf die Flecken des ersten Samenergusses meines Sohnes und die der ersten Menstruation meiner Tochter auf dem Bettlaken?«* – »*Wie gehe ich mit dieser Neuerung, dass meine Kinder jetzt ihre Sexualität erleben und ausleben, um?«* Einfach ignorieren? Sich einfach distanzieren? Oder voyeuristisch: »Mal gucken, was die machen, was mir früher nicht vergönnt war?« Aktiv sollten Eltern gar nicht reagieren. Aber es verändert die Begegnung in dem Sinne, dass die Kinder, von der körperlichen Entwicklung und Erfahrung her, keine Kinder mehr sind.

Hildegard M., eine Mutter, die so schnell nichts aus der Ruhe bringt, ist empört. Ihre Tochter hatte Geburtstag. Sie wurde zwölf. Frau M. freut sich, dass Jungen und Mädchen eingeladen sind. Abends um 18 Uhr fährt sie los, um Pizza für die Gäste zu holen. Als sie nach einer halben Stunde wieder zurück kommt, traut sie ihren Augen nicht. Als sie das Wohnzimmer betritt, fliegt ihr ein Unterhemd um die Ohren. Sie sieht, wie oben auf der Balustrade ein Mädchen, nur mit Unterhose bekleidet steht. *»Wir machen Flaschendrehen«* ist die lapidare Erklärung. *»Ein Junge hat sich gewünscht, dass sie das macht.«* Frau M. befiehlt »Sofort anziehen«. Als die Jugendlichen abgeholt werden, spricht sie mit allen Eltern. Das hätte sie nicht gedacht. *»Meine Tochter wollte das bestimmt nicht, das hat sie mir versichert.«*

Scheinbar plötzlich ist sie damit konfrontiert worden, dass ihre Tochter nicht mehr nur auf Bäume klettert, Sport treibt oder Klavier spielt. Sie ist jetzt zumindest in einem Freundeskreis, in dem es um das andere Geschlecht, den anderen Körper, um Sexualität geht. Verhindern kann Frau M. das nicht. Aber zum Thema machen und ganz deutlich ihre Haltung dazu äußern. *»Gibt es eigentlich noch den Kuppelei-Paragraphen?«* ist auch eine Frage, die Eltern häufig beschäftigt. *»Was mache ich, wenn mein 15-jähriger Sohn bei mir zu Hause mit seiner 14-jährigen Freundin schläft?«* Der Kuppelei-Paragraph ist abgeschafft. Eltern sollten sich überlegen, ob sie das für sich selbst so akzeptieren bzw. welche Konsequenzen ein Verbot haben könnte, dass ihr Kind die Nacht zusammen mit einem anderen verbringt. Sie sollten sich Gedanken machen, ob es sinnvoll ist, mit den Eltern des jeweiligen Mädchens oder Jungen Kontakt aufzunehmen und sie darüber in Kenntnis zu setzen.

Über Sexualität reden

Tatsache ist, dass 60% der Mädchen und 41% der Jungen mit ihrer Mutter über sexuelle Themen reden. Väter sind für 10% der Mädchen und für 31% der Jungen Ansprechpartner. Auf

Platz zwei der Vertrauenspersonen in sexuellen Fragen rangieren parallel zur Mutter die besten Freundinnen bzw. Freunde. Manche reden also sowohl mit der Mutter als auch mit der besten Freundin. 53% der Mädchen und 40% der Jungen sprechen mit ihrem besten Freund oder ihrer besten Freundin darüber. Grundsätzlich gilt: Die Mädchen reden darüber mehr als die Jungen, die eher dazu neigen, das »mit sich selbst abzumachen.« Die Frage ist: Wie wird geredet?

> *»Mein erster Kontakt mit Mädchen geht meine Eltern nichts an. Wie das geht, müssen Kinder alleine herausfinden.«* (Hans, 14 Jahre) *»Es gibt nichts, was ich meinen Eltern oder zumindest meiner Mutter nicht sagen würde.«* (Luzi, 16)

Über erste Kontakte zum anderen Geschlecht zu reden, muss nicht gleichbedeutend mit Aufklärung sein.

Aufklärung gibt es heute mehr als früher. Immer mehr Eltern, insbesondere Mütter, reden mit ihren Sprösslingen zumindest über Verhütung. Vor zwanzig Jahren waren das noch 37% bei den Mädchen, heute sind es bereits 67%. Jungen wurden schon immer weniger aufgeklärt als Mädchen, ganz als ob noch immer, wenn auch versteckt, das Prinzip gilt, sie sollten sich ruhig die Hörner abstoßen. Auf jeden Fall waren es 1980 25% der Jungen, die zu Hause etwas darüber hörten, heute sind es immerhin 53%.[37] Viele Jugendliche haben Aufklärungsunterricht in der Schule. Sie wissen viel eher Bescheid. Die »Bravo« – Aufklärer seit zwei Generationen – und das Fernsehen tun ihr Übriges.

Wie sollen Eltern aufklären?

Für Eltern ergibt sich ein Balanceakt – in der Erziehung ganz allgemein, bei der Sexualaufklärung ganz besonders. Wenn auch viele Jugendliche angeben, dass sie mit ihren Eltern über Sexualität reden, gelten sie doch nicht als die idealen Ansprechpartner für sexuelle Themen. Viele Fragen können die Jugendlichen nicht mit ihren Eltern besprechen. Sie wollen und müssen sich abgrenzen. Familien sind nicht der Ort für Sexualität zwischen den Generationen. Hier gibt es ein Tabu, das in den meisten Fällen automatisch beachtet wird. Die Eltern nehmen ihre eigenen Kinder als sexuelle Wesen mit sexueller Attraktivität wahr und ziehen sich sozusagen automatisch zurück. *»Eines morgens im Bad ist mir zum ersten Mal aufgefallen, dass meine Tochter ja schon einen richtigen Busen kriegt. Das ist schon seltsam, wenn einem das so plötzlich bewusst wird. Ich habe danach angefangen anzuklopfen, wenn sie im Bad war, bin nicht mehr einfach so rein.«* (Ein Vater)[38]

Auch die Jugendlichen würden es als unpassend erleben, wenn sie mit der Sexualität ihrer Eltern konfrontiert würden. Ein beiderseitiger Rückzug ist angesagt: *»Themen wie Sexualität zum Beispiel sollten Eltern nicht ansprechen. Die machen das nur lächerlich. Ich kümmere mich doch auch nicht darum, was meine Eltern im Bett machen.«* (Hans, 14 Jahre)

Das Dilemma vieler heutiger Eltern formuliert der Psychologe Stefan Grünewald folgendermaßen: Heutige Eltern werden zu »Opfern ihrer eigenen kulturellen Liberalitäts- und Aufklärungsideale«. Einerseits beanspruchen sie die Errichtung von Sicherungsmaßnahmen, damit das Inzest-Tabu nicht gebrochen wird. Andererseits haben sie sich die Ideale der 60er/70er auf die Fahne geschrieben, die einen unverklemmten, offenen Umgang mit Sexualität fordern.

Dennoch gibt es natürlich nach wie vor die reale Angst bei Eltern vor Aids oder einer ungewollten Schwangerschaft ihrer

Töchter. Über »Verhütung« in den heimischen vier Wänden zu reden ist schon deshalb vonnöten. Das belegt die Emnid-Studie der Bundeszentrale für gesundheitliche Aufklärung: »Wenn im Elternhaus offen darüber geredet wurde, verbessert sich das Verhütungsverhalten«. Die Jugendlichen lernen also in einer offenen Atmosphäre sich zu äußern und entsprechend reden sie dann auch mit ihren Partnern wesentlich häufiger darüber, als wenn zu Hause Verhütung kein Thema war. Allerdings geht es nicht allein um die Frage, ob überhaupt über Verhütung und Sexualität zu Hause gesprochen werden sollte, sondern darum, wie darüber gesprochen werden kann. Und auch hier gilt es, die Jugendlichen zu stützen und gleichzeitig respektvolle Distanz zu wahren.

Wichtig ist vor allem ein offenes Klima zu Hause. Kinder sollten das Gefühl haben, dass sie mit ihren Eltern reden können, wenn sie es von sich aus wünschen. Dass sie nicht direkt mit Verboten, Beschimpfungen, moralischer Abwertung rechnen müssen, wenn sie von Erlebnissen berichten, die sie verwirrt haben. Wenn die Jugendlichen auch nicht über ihre Wünsche und Sehnsüchte reden, so werden sie doch kommen, wenn sie beispielsweise etwas beunruhigt. Aids oder eine mögliche Schwangerschaft können solche Themen sein. Das heißt: Signalisieren Sie Gesprächsbereitschaft und achten Sie auf kleine versteckte Hinweise, die Gesprächswünsche signalisieren könnten. Eine Informationsbroschüre über Aids auf dem Kopfkissen oder ein liegen gelassenes Tagebuch können so etwas sein.

Versuchen Sie Fragen zu beantworten, die die Jugendlichen stellen. Wem es schwer fällt, darüber zu reden, kann das ruhig zugeben, die Jugendlichen merken es sowieso. Und: Holprige Ausdrucksweisen können auch zum Lachen anregen und befreiend wirken. Wer etwas nicht weiß, kann sich z.b. bei Beratungsstellen informieren. Machen Sie sich auf keinen Fall über die Fragen, die von den Jugendlichen kommen, lustig bzw. über die ersten zärtlichen Gefühle, die ihre Kinder für jemand anderen hegen. Dann war es bestimmt das letzte Mal, dass ihnen etwas anvertraut oder offenbart wurde. Vorsicht auch mit Ratschlägen oder langen Vorträgen. Jugendliche wollen Informationen oder Unterstützung, aber keine Besserwisser-Parolen. Achten Sie darauf, nicht zu »technisch« zu werden, und wenn Sie es doch tun, thematisieren Sie es. »Mir fallen auch keine besseren Worte ein.« Und ganz wichtig: Keine gemeinen oder verletzenden Ausdrücke benutzen und nichts verniedlichen!

Es ist vielleicht nicht einfach, gleichzeitig ausreichend Distanz zu wahren und zu vermitteln, dass Sexualität eine natürliche, schöne Sache sein kann. Da hilft die Art, wie zu Hause miteinander umgegangen wird, wie Zärtlichkeiten ausgetauscht werden, welche Ausdrücke benutzt werden. Respekt ist die Zauberformel, auch um ganz klar die Botschaft zu überbringen: Ich muss nur das machen, was ich wirklich möchte. Über meinen Körper bestimme ich. Anstatt Moralpredigten zu halten und Verbote auszusprechen ist es wirkungsvoller, die Kinder darin zu bestärken, ihrem Gefühl zu vertrauen, etwa wie weit sie gehen wollen.

Kapitel 9

Zu dick, zu dünn und alles wieder raus

Ess-Störungen

Für die Erhaltung ihrer Figur hungerte sie oft wochenlang. Im Laufe ihres Lebens probierte sie Hunderte von Diäten. Um ihre Schlankheit zu erhalten, schlief sie mit feuchten Tüchern um die Hüften, trank Mixturen aus rohen Eiern, gepresstem Saft aus rohem Rindfleisch und literweise kalte Milch, von der man damals annahm, dass sie zu den Schlankmachern gehörte. Etliche Sportarten, wie etwa Reiten und Fechten, betrieb sie im Übermaß. Da sie sich nie hinsetzte, verzichtete sie darauf, in ihrem Apartment Stühle aufzustellen, die meisten Beschäftigungen erledigte sie im Aufundabgehen.

Die Rede ist hier nicht von Top-Model Cindy Crawford und auch nicht von der viel beschäftigten Hilary Clinton – gepresstem Saft aus rohem Rindfleisch flößte sich die österrreichische Kaiserin Elisabeth, bekannt als »Sissi«, ein und hoffte auf die schlank machende Wirkung. Der Legende nach – an der sie selbst fleißig mitgesponnen haben soll – war sie die attraktivste Frau ihrer Epoche. Und dafür tat sie eine Menge. Fast ununterbrochen muss sie um ihr Äußeres bemüht gewesen sein: Drei Stunden tägliche Haarpflege und akribisches Kontrollieren ihres Gewichtes waren nur ein Teil ihrer Bemühungen. Sobald ihr Gewicht auch nur geringfügig die 50-kg-Grenze zu übersteigen drohte, folgte eine Hungerkur. Sie wog sich schließlich dreimal täglich. 1894 erreichte ihr Gewicht den Tiefstand von 43,5 Kilogramm, und dies bei einer Körperlänge von 1,72 cm. Heute würde man sie als magersüchtig bezeichnen. Die Kehrseite ihrer Schönheit, Hungerödeme, d.h. Flüssigkeitsansammlungen in den Knöcheln, schlechte Zähne, häufige Krankheiten, unter anderem Depressionen, versuchte sie zu verbergen. Die Kaiserin ließe sich mühelos in die Reihe der untergewichtigen internationalen Starmodels einreihen. Von vielen ist bekannt, dass sie ihre außerordentlichen Körpermaße meist nur durch gewaltsame Hungerkuren, Abführmittel und Appetitzügler erreichen und halten.

Heute sind es längst nicht mehr nur die Models, Königinnen und Prinzessinnen, von denen man weiß, dass sie an schweren Ess-Störungen leiden und sich der Figur zu Liebe vielerlei Strapazen aussetzen. Essen, Figur und Körper sind für fast jedes Mädchen ein Thema in besonderem Maße. Sechzehnmal mehr Frauen und junge Mädchen als junge Männer sind von der Magersucht betroffen. Zehnmal mehr leiden an Bulimie und der so genannten Adipositas: Ess-Sucht haben etwa gleich viele Jungen wie Mädchen.[39] Als »Sissi-Syndrom« bezeichnet man das Zusammentreffen der Verhaltensweisen, wie Sissi sie zeigte: Hungern, starker Bewegungsdrang, extremer Körperkult.[40] Und diese Verhaltensweisen zeigen heute eine Flut von jungen Mädchen und Frauen:

90% der weiblichen Teenager wollen abnehmen. 73% der Frauen finden ein Gewicht unterhalb des Normalgewichts am attraktivsten. Jede dritte Frau wiegt sich täglich, jede zweite im Alter zwischen 20 und 25 hält Diät. Allein in den alten Bundesländern gibt es etwa 60.000 Magersüchtige, jeder siebte Jugendliche gilt als magersuchtgefährdet.[41]

Laut Bundeszentrale für gesundheitliche Aufklärung hat sich die Zahl der Magersüchtigen im letzten Jahrzehnt verdreifacht. Zehn Prozent der Betroffenen sterben an dieser Krankheit (durch Verhungern oder Suizid).

Warum hungern?

Es gibt ganze Schulklassen, die kollektiv hungern.

Nach Gründen gefragt, erzählten uns die Mädchen aus einer Mädchengruppe: *»Die Jungs gucken doch immer nur nach Idealfrauen, 90-60-90 sind deren ideale Maße.«* Viele haben schon mal gehungert, auch um ihre Oberweite »wegzukriegen«, wegen der sie gehänselt würden. Andere leiden unter mangelnder Oberweite, die Jungs würden immer »Flachland« hinter ihnen herrufen. Was und wer schön ist, darüber sind sich die 14-Jährigen einig, das bestimmen die Jungs. *»Ich selber finde mich sowieso zu dick«*, erzählt Martina, *»aber das ist ja egal, wichtig ist die Fassade den Jungs gegenüber.«* Wenn auch das ausgesprochene Ziel die Jungen sind, geht es in hohem Maße um Selbstwert und den Vergleich mit anderen Mädchen. *»Man selbst findet sich immer dick – selbst wenn man nur so ein ganz klein bisschen Speck hat, meint man, das muss weg.«* (Alexandra, 12 Jahre)

Körperliches »Ungleichgewicht« der Kinder ist für Eltern eine sichtbare »Störung«, die als Phänomen fassbar ist und Eltern auf den Plan ruft: »Iss nicht so viel« oder »Kind, du musst was essen« sind die ersten Reaktionen. Manche kommen in die Erziehungsberatung: *»Mein Kind hat nur Probleme beim Essen, das müssen wir in den Griff kriegen, sonst ist alles in Ordnung.«* So einfach ist es jedoch nicht.

Auch in unseren Elterngruppen sind die Auswirkungen des Essens auf die Figur immer wieder Thema: Die Kinder sind zu dick, zu dünn, übergeben sich, oder die Mütter leiden selbst an einer Ess-Störung. Frauke G. erzählt von ihrer Tochter Johanna, 13 Jahre alt, einem Mädchen, um das sich die Eltern nie Sorgen gemacht hätten. Sie sei gut in der Schule und erledige auch sonst alles, was ihr aufgetragen wird. Es gäbe keine Schwierigkeiten. *»Nur ein Problem gibt es«*, betont Frau G., *»und das sind ihre Essgewohnheiten. Johanna ist 1,67 Meter groß und wiegt nur 47 Kilogramm. Seit geraumer Zeit nimmt sie nur ganz kleine Häppchen*

*zu sich. Nach sechs Uhr abends isst sie gar nichts mehr, wenn,
dann nur Knäckebrot. Wenn Gäste abends zum Essen da sind, setzt
sie sich nur dazu. Sie will schlank bleiben – so wie ihre Klassenka-
meradinnen.«* Frau G. hat alles versucht, um ihrer Tochter das
Essen schmackhaft zu machen. Sie koche die besten Sachen, um
sie zum Essen zu bewegen. Aber vergebens. Ihr Mann habe die
Tochter über die Gefahren des Abmagerns aufgeklärt, wie zum
Beispiel Osteoporose (Verminderung von Knochensubstanz),
aber das habe auch nichts genutzt. *»Es macht uns große Sorgen,
wie wir zusehen müssen, wie sie sich die Pfunde herunterhungert
und wir keinen Einfluss darauf haben. Wir kennen einen Fall, wo
sich ein Mädchen zu Tode gehungert hat«*, sorgt sich die Mutter.

Wie können Eltern erkennen, ob die Beschäftigung mit dem
Körper und mit der Ernährung bei ihrem Kind noch »normal«
ist? Woran sieht man, ob das weniger Essen gesundheitsgefähr-
dend ist oder lediglich eine vorübergehende pubertäre Erschei-
nung?

Die exzessive Beschäftigung mit dem eigenen Körper ist bei
jungen Mädchen erstmal nichts Außergewöhnliches. Einerseits
gilt die kalorienarme Ernährungsweise selbst dann als »normal«,
wenn es keine medizinische Notwendigkeit zum Abnehmen
gibt. Außerdem ist die Askese eine mögliche Form, den Kampf
gegen das sexuelle Verlangen zu führen.

Die zehn Prozent Jungen, die primär magersüchtig werden,
werden das gewöhnlich in der Vorpubertät zwischen dem 9. und
13. Lebensjahr. Bei ihnen findet zunächst keine sexuelle Entwicklung statt. Der Eintritt der Pubertät verhilft ihnen meist zu
mehr Selbstsicherheit und letztendlich zur Heilung.

Bei Jungen und Mädchen wechseln häufig Enthaltsamkeit
und Nachgeben einander ab. Ebenso ist es mit Schlafentzug und
tagelangem Im-Bett-Liegen, akribischer Körperpflege und Verweigerung jeder Art von Hygiene. Das Streben nach Lust und
der Kampf dagegen scheinen miteinander zu ringen, eine Balan-
ce wird noch gesucht.[42] Andererseits ist die ständige Sorge um

das Schlanksein ein typisches Merkmal der Anorexie (Magersucht).[43] Das klar zu erkennen, ist sehr schwer. Denn die Übergänge sind fließend.

Wie die Jugendlichen da »reinrutschen«, beschreibt eindrucksvoll die Autorin Susanne Fülscher in ihrem Roman »Nie mehr Keks und Schokolade«. Sie erzählt die Geschichte der 13-jährigen Nina: Nina ist ehrgeizig, gut in der Schule, hat wenig Kontakt zu Gleichaltrigen, und ihr Vater hat sie mal »mein Pummelchen« genannt. Sie leidet unter der großen Aufmerksamkeit, die ihre 17-jährige Schwester Billi erfährt, eine »Bohnenstange«, die auf dem besten Wege ist, den Jugendtraum ihrer Mutter zu erfüllen, nämlich eine erfolgreiche Ballerina zu werden. Nina ist sich sicher, dass der Ursprung allen Übels ihr Gewicht ist. So beschließt sie, ihr »Schicksal« in die Hand zu nehmen, es allen zu zeigen: Sie beginnt zu hungern, Abführmittel zu nehmen und täglich ein Fitness-Studio zu besuchen.

Für Nina stellt sich das so dar: »45 Kilo! Ich fühle mich besser denn je, auch wenn bei uns zu Hause Krieg ausgebrochen ist. Alle gegen Nina, heißt er, was ich ziemlich ungerecht finde. Mir bleibt nichts anderes übrig, als stärkere Geschütze aufzufahren. Nicht essen, nicht reden, nicht zuhören – lautet meine Devise. Wenn ich aus der Schule komme, nehme ich mir gleich einen Apfel aus der Obstschale vom Flur und schließe mich in meinem Zimmer ein. Hausaufgaben erledigen, dann ab zum Sport. Mama präsentiert mir fast nur noch ihr verkniffenes Gesicht. Aber ich darf mich nicht weich klopfen lassen. Noch ein paar Tage und ich werde 44 Kilo wiegen.«

Nina ist auf dem Weg dahin, magersüchtig zu werden. Wenn sie es auch niemals einsehen würde und jedem, der sie darauf anspricht, am liebsten an die Gurgel ginge.

Thema: Essen

Im Falle von Frauke G. und ihrer Tochter »klinken« sich auch einige Mütter mit »dicken« Kindern ein: »*Meine Tochter ist mit elf Jahren viel zu dick*«, erzählt Beate S. »*Wir ermahnen sie ständig, dass sie nicht so viele Süßigkeiten essen soll.*« Und weiter: »*Wissen Sie, ich möchte meiner Tochter das Schicksal ersparen, das ich durchgemacht habe, nämlich immer zu dick zu sein.*« Auch zwei Mütter von zwei »zu dicken« Jungen melden sich zu Wort: »*Bei zu dick sein besteht auch die ständige Gefahr gehänselt zu werden*«, meint Hildegard B. Kathrin H. erzählt, wie ihr Mann immer Anspielungen auf die Körperfülle ihres Sohnes Ludwig mache. Seither ziehe Ludwig immer seinen Bauch ein, wenn der Vater an ihm vorbeikomme.

Spätestens, wenn andere Familienmitglieder die Abweichung vom Normalgewicht bei einem Kind festgestellt haben, ist das Thema »auf dem Tisch« und zwar in doppeltem Sinne. Eltern von dickeren Kindern ermahnen diese immer wieder, sich zu zügeln, nichts Süßes zu essen, auf den Nachschlag zu verzichten etc. Manche sogar, während sie selbst daneben sitzen und genüsslich eine Tafel Schokolade verputzen. Eltern von »zu dünnen« Kindern fordern diese ständig auf, bitten sie, flehen sie an und ermahnen sie, mehr zu essen, gepaart mit Belehrungen über die Konsequenzen oder mit Frotzeleien: »Du willst wohl Claudia Schiffer werden.« Mit den Speisen wird häufig auch das Thema Essen »aufgetischt« und in vielen Fällen wird das gemeinsame Familienessen zu einem Ritual von Ermahnungen, Bitterkeiten und Kontrollen.

Wir fragen, ob die Mütter sich vorstellen können, einmal sechs Wochen nicht übers Essen zu reden. »Schwer«, meinen sie und: »Wenn wir es nicht mehr ansprechen, dann tun es immer noch andere.« Frau G. berichtet später, sie habe das durchgezogen und nichts mehr gesagt, wenn ihre Tochter wie ein Spatz gegessen habe. Sie habe auch alle Verwandten und Bekannten gebeten, nicht mehr darüber zu reden. Das laufe gut. Einmal habe sie der Tochter sogar gesagt: »*Wenn du nicht essen willst, dann lässt du es eben.*« Ihre Tochter habe zumindest ihre Nahrungszufuhr nicht weiter reduziert.

Was bedeutet Essen?

Wenn's ums Essen geht, dann geht es um mehr als um die reine Zufuhr von Speisen. Essen, das kann Lust, es kann aber auch Frust bedeuten. Essen in der Familie kann Geborgenheit, »versorgt werden«, Versammlung heißen, oder eben im Gegenteil: Kontrolle, Nörgelei, Zwang.

Unregelmäßigkeiten beim Essen, ganz gleich ob jemand zu viel oder zu wenig isst, können zu tun haben mit einer ungestillten Gier nach mehr oder der Angst, nicht genug zu kriegen. Hungernde können triumphieren, wenn sie diese Lust bezwingen. Menschen, die viel essen, hoffen auf diese Weise ihre Sehnsucht nach mehr Liebe, nach mehr Anerkennung oder nach mehr Unabhängigkeit befriedigt zu bekommen. Häufig sind es gerade die »braven« Kinder, die ihre Eltern in so einem lebenswichtigen Bereich »enttäuschen«, denn oft ist es ihre einzige Möglichkeit, ihr einziger Bereich, in dem sie selbst Kontrolle ausüben können. In der Phase, in der sich die jungen Mädchen befinden, kann dieses selbstbestimmte, entgegen den Wünschen der Eltern durchgeführte Essverhalten auch ein Ausdruck des Wunsches nach Autonomie sein: »*Was ich esse, darüber kann ich allein entscheiden. Da könnt ihr machen, was ihr wollt.*« Möglich, dass die Jugendlichen sonst wenig Gelegenheit haben, selber etwas zu entscheiden oder zu bestimmen. Und durch Abmagern lässt sich eine ganze Menge erreichen: So können junge Mädchen sich gegen das Frauwerden, das Erblühen sexueller Weiblichkeit zur Wehr setzen. Sie können ihre Periode verhindern, beziehungsweise sie gar nicht erst aufkommen lassen, weibliche

Brüste und Hüftrundungen entwickeln sich nicht, die Körperformen bleiben kindlich. Sie können sich aber auch elterlichen Wünschen verweigern, das ihnen zugedachte Essen nicht aufnehmen und damit ihren Widerstand etwa gegen andere Zwänge, Pflichten, Familiengegebenheiten deutlich machen. Mittel und Ziel fallen zusammen, nämlich ein der Adoleszens angemessener Kampf, bei dem es vorwiegend um die Erlangung von Unabhängigkeit geht. Der Widerstand gegen das Essen kann als Symbol des Widerstandes gegen die Eltern gedeutet werden. Es geht um die Ablösung oder, besser gesagt, um die Findung einer eigenen Identität. Magersucht, so heißt es häufig, sei einerseits ein Zeichen der Überbehütung durch die Eltern. Andererseits muss die Reaktion »Abmagern« als Aggression gegen sich selbst verstanden werden, weil wenig Möglichkeit besteht, Konflikte offen auszutragen. Die Gründe dafür sind sehr vielfältig. Die Körperfülle bietet dagegen eher einen Panzer. Von diesem denkt man, er schütze gegen Angriffe, Probleme und Sorgen. Dickleibige Kinder gelten als stark abhängig von den Eltern. Ihre Bestrebungen nach Selbstständigkeit werden meist ungenügend unterstützt. Stattdessen werden sie überfürsorglich behandelt.

Paula M., die vor allem wegen ihre jüngsten, dickleibigen Tochter kommt, erzählt von ihren Kindern, 17, 19 und 20 Jahre alt, die alle drei noch zu Hause wohnen: »*Ich gehe noch jeden Abend zu jedem ans Bett, um ihm gute Nacht zu sagen.*«

Die Bulimie ist eine Lösung, bei der man essen kann, also seinem Heißhunger, seiner Gier nachgeben und trotzdem nicht dick wird. Es ist ein Teufelskreis von ständigem Aufnehmen, aber Nicht-bei-sich-behalten-können. Essen ist ein Trost gegen Ängste, Wut und Einsamkeit. Dem folgt die Angst vor dem Abgelehntwerden, die Wut auf sich selbst, sich nicht beherrscht zu haben und dann die innere Reinigung, das Sichübergeben. Das geht natürlich nicht ohne Schädigungen ab: Schädigung der Speiseröhren, blutunterlaufene Augen, Zahnverfall, Konzentrationsstörungen und Herzrythmusstörungen bis hin zu Herzversagen können die Folgen sein. Für bulimisches Verhalten gibt es mannigfaltige Erklärungen: ein geringes Selbstwertgefühl, verbunden mit geringer Fähigkeit mit Frustrationen umzugehen, starke Minderwertigkeitsgefühle und Versagensängste.

Krankhafte Ess-Störungen und was man tun kann

Rein medizinisch definieren sich die drei klassischen Ess-Störungen folgendermaßen:

⇨ Die *Pubertätsmagersucht (anorexia nervosa)* ist eine Ess-Störung mit verzerrter Einstellung gegenüber der Nahrungsaufnahme. Die Betroffenen, das sind vor allem junge Frauen zwischen dem 10. und 25. Lebensjahr, haben große Angst vor Übergewicht. Die Krankheit kann zu starkem Gewichtsverlust bis zur Auszehrung führen. Therapie: Wiederherstellung des Normalgewichtes und Psychotherapie.

⇨ *Pubertätsfettsucht (Adipositas)*: Eine meist äußerlich bedingte Fettsucht bei Jungen und Mädchen in der Zeit vor und während der Pubertät. Es spielen wahrscheinlich auch Faktoren wie körperliche Beschaffenheit eine Rolle. Ursachen sind außerdem: Ernährungsfehler, Bewegungsmangel, psychische Probleme.
Therapie: Reduktionsdiät, körperliche Aktivitäten und gegebenenfalls Psychotherapie.

⇨ *Ess-Brechsucht (bulimia nervosa)*: Die Betroffenen verspüren einen Heißhunger, auf den sie mit exzessiven Essorgien, meist hochkalorienhaltiger Nahrung, reagieren. Anschließend führen sie selbst Erbrechen herbei, fasten und nehmen Abführmittel. Häufig gehen extremes Übergewicht oder die Pubertätsmagersucht dieser Krankheit voraus.
Auch hier ist Psychotherapie angezeigt.

Wenn Eltern bei ihren Kindern Ernährungsunregelmäßigkeiten, Abmagern, Übergewicht oder regelmäßiges Erbrechen nach dem Essen bemerken, können sie Verschiedenes tun, sollten aber auf jeden Fall das Kind darauf ansprechen. Und zwar nicht in Vorwurfshaltung, sondern in dem Sinne:»Ich mache mir Sorgen ...« Fragen Sie ruhig nach den Gründen. So weiß das Kind:»Meine Eltern merken was, sie achten auf mich.« Auf keinen Fall die Jugendlichen hänseln oder aufziehen oder Essen zu einem Dauerthema erklären. Das bewirkt lediglich Rückzug und das Ausdenken irgendwelcher Tricks, um das»problematische« Essverhalten weiterführen zu können, und zwar ohne dass die Eltern etwas mitbekommen.

Denken Sie daran: Es geht auch um Selbstbestimmung. Vielleicht muss es Bereiche geben, in denen Ihr Kind mehr Freiheit hat. Vielleicht braucht sie oder er mehr Anerkennung oder mehr Aufmerksamkeit oder auch mehr Mitbestimmung beim Aufstellen der geltenden Regeln. Vielleicht hat Ihre Tochter oder Ihr Sohn aktuell Kummer. Ist mit Gesprächen oder Vereinbarungen die Sorge nicht geklärt, suchen Sie gemeinsam eine Ärztin oder einen Arzt auf, die sich mit Psychologie und Ernährungsproblemen von Jugendlichen auskennt. Ärzte können Mangelerscheinungen feststellen, Ernährungstipps geben und an Psychotherapeuten überweisen. In Gesprächen können Ursachen geklärt werden, und falsche Kaloriennahrung lässt sich durch richtige Seelennahrung ersetzen.

Kapitel 10

»Mein Kind gerät auf die schiefe Bahn.«

Drogen, Sekten, Diebstahl

Wenn Zigaretten, Alkohol oder Drogen »ins Spiel«, sprich unters Bett oder in den Schrank, kommen, sehen viele Eltern rot. Angst davor, dass ihr Kind süchtig wird, in schlechte Kreise gerät, dass seine spätere Existenz schon in Jugendjahren gefährdet ist und dass man als Eltern selbst keinen Einfluss darauf hat, versetzt sie in Alarmbereitschaft.

»Mein Sohn ist erst zwölf und raucht schon«, klagt eine Mutter, oder: *»Meine Tochter raucht Hasch und weigert sich, zur Schule zu gehen. Wenn ich sie dann doch schicke, droht sie, sie mache es so wie ein Klassenkamerad und stürze sich von einer Brücke.«* – *»Meine Tochter hat früher nur Geige gespielt und gelesen. Jetzt hat sie alles aufgehört und treibt sich in der Punkerszene rum. Manchmal kommt sie nachts nicht nach Hause.«* – *»Meine Tochter erzählt immer was von Tischerücken, was soll ich denn davon halten, wo es hier auf dem Land doch so viele Sekten gibt«* klagt ein Vater, und ein anderer: *»Mein Sohn treibt sich in einer Clique rum, die Autos knackt und klaut.«*

Die Sorgen der Eltern sind vielfältig. Ihnen gemeinsam ist die Befürchtung, ihre Kinder würden in irgendeiner Weise abrutschen und auf die »schiefe Bahn« geraten.

Diese Befürchtung hat verschiedene Ursachen oder auch ganz reale Anhaltspunkte: *»Mein Sohn ist schon mal von der Polizei nach Hause gebracht worden, weil er beim Stehlen erwischt wurde.«* Manchmal handelt es sich auch lediglich um Vermutungen, denn Eltern kriegen häufig nur Ausschnitte dessen mit, was ihre Kinder den lieben langen Tag treiben. Dieses Teilwissen beflügelt die Phantasie und ängstigt zuweilen. Nehmen sie Drogen? Hängen sie mit irgendwelchen schrägen Typen herum? Machen sie ihre Hausaufgaben überhaupt?

Die Reaktionen der Eltern auf »auffälliges Verhalten« ihrer Kinder sind unterschiedlich: So werden doppelte Botschaften an die Kinder gegeben, die Eltern machen sich ihren Reim selber oder sie begeben sich auf Detektiv-Pfade. Ein Vater erzählt, wenn er seine Tochter verabschiede, sage er immer zu ihr: »*Bleib sauber.*« Sie wisse dann schon, was gemeint sei. Was tatsächlich gemeint ist, wollen die anderen Gruppenmitglieder wissen: »*Ja, dass sie nichts klauen und nichts anstellen soll.*« Über Anhaltspunkte dazu äußert er sich nicht. Er sei eigentlich streng, aber eben nur »hintenrum«. Die 14-jährige Tochter habe z.b. erzählt, dass eine Freundin ihr angeboten habe, sie könne sich, wenn sie mal Probleme habe, in ihrer Höhle verstecken. Er habe dann hintenrum gefragt, wie die Freundin denn heißt. »*Ich bin einfach, wenn meine Tochter das Haus verließ, hinterhergegangen, um zu gucken, wo sie hin will, so wusste ich wenigstens, wo ich sie finde*«, berichtet ein anderer Vater. Manche Geschichten über die Eskapaden der Kinder hören sich an, wie aus einer RTL-Show. Kriminalität und Zauberei scheinen Angst und Spannung zugleich ins Haus zu bringen.

Was sind das für Ängste und Sorgen, die Eltern haben?

Zum einen gibt es eine reale Angst, die Angst, dass wirklich etwas passiert. Dazu kommen natürlich die Verantwortung für die Jugendlichen und die Angst, dieser Verantwortung nicht gerecht zu werden. Als Mutter oder Vater muss ich darauf achten, dass etwa der Jugendschutz eingehalten wird, was Alkohol- und Drogenkonsum, Ausgehzeiten usw. angeht. Und natürlich haben Eltern, gerade wenn es brenzlig wird, die Angst, als Eltern zu versagen, das Falsche zu tun. Eine Vermischung von Süchten oder »Delikten« ist natürlich zu ernster Sorge Anlass genug: Drogeneinnahme und Diebstähle, Alkohol- und Drogenkonsum, oder der berühmte »Rauschmittel-Cocktail« aus Ecstasy und Alkohol. Um in diesem Wust von Ängsten, Befürchtungen und Spekulationen klar zu sehen, ist es wichtig, genau zu unterscheiden: »Was macht mein Kind jetzt eigentlich und wie ist das Verhalten oder der Kontakt zu den vermeintlichen oder echten Gefahrenquellen einzuschätzen?«

Alkohol

Es ist kein Geheimnis – Alkohol und Zigaretten gehören in den meisten Haushalten zur »Alltagsdroge«. Eltern, Geschwister, Freunde, Bekannte rauchen, trinken ein »lecker Bierchen«, einen Schoppen Wein oder auch mal zwei.

Kinder wachsen damit auf und bekommen mit, wie die »Droge« eingesetzt wird. Abends zur Entspannung oder schon mittags gegen Stress oder den ganzen Tag über, ab und zu in geringen Maßen oder ununterbrochen. Der Vater verbringt seine Feierabende und Wochenenden trinkenderweise mit den Kegelbrüdern, und die Mutter hat spätestens nachmittags den Piccolo auf dem Kaffeetisch stehen …

Ob in solch extremer Weise oder ganz »harmlos«: Kinder bekommen zu Hause sehr früh den Umgang mit gefährlichen Alltagsdrogen, auch mit Tabletten, vor Augen geführt. Sie sehen, ob Alkoholgenuss »normal« ist oder nur zu besonderen Anlässen stattfindet, ob die Eltern ihm zuschreiben, in schwierigen Situationen trösten zu können, ob Tabletten als Allheilmittel auch bei Kummer oder Stress eingesetzt werden, ob Zigaretten zum Leben einfach dazu gehören oder die Eltern auch mal davon lassen können. Andererseits: Der Reiz zu probieren ist groß, die Schwelle relativ niedrig. Also wird von den Alltagsdrogen der Erwachsenen gekostet.

Natürlich bekommen Eltern einen Riesenschreck, wenn ihre 15-Jährigen von einer Party nach Hause kommen und sich dann zu Hause auch noch übergeben müssen, weil ihnen der Alkohol nicht bekommen ist. *»Jugendliche müssen – wenn sie Interesse daran haben – Kontakt mit diesen Sachen haben, aber Eltern sollten es verbieten.«* (Hans, 14 Jahre)

Probieren geht über Studieren. Die Gefahr, dass Jugendliche durch »einmal probieren« süchtig werden, ist relativ gering. Manche Eltern versuchen beispielsweise die ›Rauchfreude‹ ihrer Kinder zu dämpfen, indem sie mit ihnen zusammen eine dicke Zigarre qualmen. Einige Jugendliche kuriert das tatsächlich, aber ein Patentrezept ist es sicherlich nicht. Neugierde ist normal, das gilt für das Probieren von Alkohol und Drogen gleichermaßen. Das heißt nicht, dass der Konsum von Alkohol, Zigaretten und Drogen nicht schädlich ist, im Gegenteil. An den Folgen sterben heute immer noch sehr viele Menschen. 1991 starben 40.000 an den Folgen des Alkoholmissbrauchs, 90.000 an den Folgen des Rauchens. Aber hier geht es um den regelmäßigen und übermäßigen Konsum.

Jugendschutz:
Jugendliche unter 16 Jahren dürfen in einem Lokal nur dann Alkohol trinken, wenn ein Erwachsener bei ihnen ist. Ab 16 dürfen sie sich Bier oder Wein bestellen, ohne um Erlaubnis zu fragen. Schnaps und andere hochprozentige Getränke gibt es erst ab 18. Rauchen »in der Öffentlichkeit«, d.h. auf der Straße oder im Café, ist ab 16 erlaubt.[44]

Drogen

»*Ich glaube, mein Sohn raucht Hasch*«, hören wir besorgte Mütter gelegentlich spekulieren. »*Wie kann man das eigentlich erkennen? Verändern sich dann die Augen?*«, wollen sie wissen und natürlich: »*Wie gefährlich ist das?*« und »*Was kann ich dagegen tun?*«. Ganz grundsätzlich: Die Gefahr, dass ein Kind später einmal Alkoholiker wird, ist sehr viel größer, als dass es von illegalen Drogen abhängig wird. Der Reiz ist bei Drogen größer, weil sie nun mal »verbotener« sind und ihre Wirkung »geheimnisvoller«. Die Schwelle liegt jedoch höher als beim Alkohol. Ähnlich wie in den Alkoholkonsum können Jugendliche in die Drogenszene »so reinrutschen«, durch Freunde, Klassenkameraden, durch Fremde auf Partys, auf dem Schulhof usw. Wobei auch hier gilt: Einmal an einem Joint ziehen macht nicht gleich süchtig. Denn für viele Jugendliche ist das Thema dann damit auch wieder erledigt.

Wenn Jugendliche Drogen nehmen, können Eltern das möglicherweise daran erkennen, dass die Kinder zu nichts mehr Lust haben, nur noch vor dem Fernseher hocken, ihre alten Freundschaften abbrechen, lediglich mit irgendeiner älteren Clique herumziehen, nichts mehr »schaffen«, über Lebensunlust klagen. Dies sind jedoch auch alles Verhaltensänderungen, die ganz normal zur Pubertät gehören können, das heißt, eindeutige Hinweise auf Suchtgefährdung geben solche Symptome nicht, aber sie können dennoch ein Anzeichen sein. Manche Drogen, wie etwa Ecstasy, bewirken extreme Erschöpfungszustände, Schmerzen in der Nierengegend, Appetitverlust, Depressionen und Angstzustände. Auch das können mögliche Nachwirkungen von Drogenkonsum sein, die die Eltern mitbekommen. Auf jeden Fall sollten solche Anzeichen ernst genommen werden, man braucht sie nicht gleich zu dramatisieren, soll sie aber auch nicht unter den Tisch wischen.

Sekten

Sekten üben auf solche Jugendliche einen besonderen Reiz aus, die sich andernorts nicht verstanden oder angenommen fühlen, denn sie arbeiten mit einem Heilsversprechen, jemandem Sinn in sein Leben zu bringen, was gerade Jugendliche in besonderem Maße suchen. Dass es lediglich um die Unterordnung unter einen Guru geht, um Macht und Unterwerfung, um Geld und Manipulation, wird nicht gesagt.

Wenn Jugendliche Kontakt zu Sekten haben, können Eltern das möglicherweise an besonderer Kleidung oder neuen Gegenständen, Ketten, Kerzen o. Ä., an möglicherweise veränderten Freizeitaktivitäten oder an Bemerkungen der Kinder ablesen, »Tische gerückt zu haben«.

Straffälligkeit

Autos knacken, Einbrüche begehen oder »nur« Stifte, Blöcke, T-Shirts und CD's im Kaufhaus mitgehen lassen sind kriminelle Varianten, Grenzen zu testen, mutig zu sein, Langeweile zu besiegen.

Die Art und Weise, wie der Hummer seinen alten Panzer abstreift, wie Françoise Dolto die Wandlung, die Jugendliche in der Pubertät durchmachen, charakterisiert, kann bei Jungen und Mädchen unterschiedlich sein. Nicht nur, dass ihre körperliche Entwicklung anders vonstatten geht, auch seelisch verarbeiten sie gerade pubertätsbedingte Veränderungen unterschiedlich.

Wenn Jugendliche auf die »schiefe Bahn« geraten, muss man zwischen Jungen und Mädchen einerseits und zwischen den verschiedenen Auffälligkeiten andererseits differenzieren. Neutzling und Schnack machen in ihrem Buch: »*Kleine Helden in Not*« darauf aufmerksam, dass Jungen ihr »Unbehagen« über bestimmte Dinge eher aggressiv, also nach außen gewandt, äußern und Mädchen eher depressiv, gegen sich selbst gerichtet. Während bei Mädchen ab dem Jugendalter Ess-Störungen, Depressionen und seelische Störungen wie Ängstlichkeit und Kontaktscheu zunehmen, wechseln Jungen eher von seelischen Auffälligkeiten hin zu beispielsweise Alkoholmissbrauch und Gewalttätigkeit.[45] So kommt es auch, dass in Erziehungsberatungsstellen weitaus mehr Jungen als Mädchen vorgestellt werden, und zwar deswegen, weil sie mehr auffallen, etwa durch Leistungsversagen und Aggressivität.[46] Ursache dafür ist unter anderem, dass die körperliche und seelische Verfassung der Jungen eigentlich schwächer ist, als das Klischee vom starken Mann besagt. Frauen (übrigens auch Mütter!) wollen Helden, und die Jungen müssen stärker und widerstandsfähiger sein, als sie eigentlich sind. Jungen haben wahrscheinlich ebenso viele Probleme wie Mädchen, nur sprechen sie weniger darüber. Stattdessen agieren sie nach dem Muster »Ein Indianer kennt keinen Schmerz«. So teilen sich Freunde beim Duschen nach dem Sportunterricht in »Top-Leute« und »Nicht-Top-Leute«. »Top-Leute« sind die, bei denen man schon was sehen kann, die anderen sind halt die »Zurückgebliebenen«[47]. Jungen bis zum 11. Lebensjahr weinen unwesentlich weniger als Mädchen, doch dann geht die Schere bis zum 18. Lebensjahr auseinander. Stärke und Coolness sind gefragt. Kleine Diebstähle, Überfälle von Schülern, Frisieren von Motorrädern gehören anfangs zu den Kavaliersdelikten. Sie sind Mutproben auf dem Weg in die Clique.

Wegen Straftaten verurteilte Jugendliche zwischen 14 und 16 Jahren waren 1997 zu 15 % Mädchen, der Rest Jungen. Dabei halten die Mädchen bei Diebstahl und Betrug noch »relativ gut« mit. Das Verhältnis lag hier bei 3:1.[48]

Wo liegt der Reiz?

Gründe dafür, Alkohol, Zigaretten und Drogen zu konsumieren, sich Sekten anzuschließen oder Einbrüche zu begehen, geklaute Mofas zu frisieren oder zu betrügen, gibt es viele: Natürlich ist es am Anfang häufig der Reiz des Neuen, Unbekannten, das Probieren, Gucken, die Neugierde. Das ist gesund und menschlich, und auch, wenn Eltern es verschiedentlich nicht gutheißen können, ist es doch nicht gleich Besorgnis erregend.

Ein anderer Antrieb kann die Sehnsucht nach Extremem sein, nach so genannten Grenzerfahrungen:»Ich will was testen, wo ich an meine körperlichen und geistigen Grenzen stoße, ich will mich wahrnehmen, mich spüren.« Unterstützt wird dieses Bedürfnis durch sich widersprechende Gefühle: das Gefühl»Ich kann alles, mindestens Bäume ausreißen« und gleichzeitig die verspürte Hilflosigkeit und das Suchen nach einem Weg. Experimente mit Alkohol und Drogen sowie spirituelle Erfahrungen oder gefährliche Mutproben sind ein willkommenes Betätigungsfeld, um auszuloten»Wie weit kann ich gehen?« Der Zürcher Kinderarzt und Psychotherapeut Dr. Kaspar Kiepenheuer formuliert das so:»Die Grenze suchen zwischen Leben und Tod, das spielt in diesem Alter eine ganz wichtige Rolle. Für mich sind das nichts anderes, als archetypische, dem Menschen tief innewohnende Muster, die da ablaufen: Der Wunsch nach Prüfung und damit nach Aufnahme in die Welt der Erwachsenen.«[49]

Der Wille, Grenzerfahrungen zu machen, gipfelt dann auch in dem neuen»Sport« und der gleichermaßen lebensgefährlichen Mutprobe von manchen Jugendlichen, in Großstädten mit der U-Bahn zu»surfen«. Und auch die 15-jährige Janine beschreibt ihre Gefühle zu ihrem Kaufhausdiebstahl in diese Richtung:»*Ich wollte das eigentlich gar nicht. Ich hab ja genug Geld. Aber irgendwie brauchte ich den Kick. Mal gucken, ob's gut geht, mal sehen, was man so alles machen kann.*« Da wollen manche dabei sein, anderen reicht es, bei»harmloseren« Tests, Riten, etc. mitzumachen.

So erzählen Eltern, wenn sie sich an ihre Begegnungen mit diesen mehr oder weniger gefährlichen Verführungen erinnern: *»Ich wollte auch gern zur ›Szene‹ gehören, aber Drogen hab ich selbst nie genommen.«* – *»Ich musste es einfach mal probieren, ich wollte doch dazu gehören.«*

Weil »die Älteren es machen«, weil es »cool« ist, weil man sonst »nicht mitreden« kann, sind einige, eher harmlose Gründe. Aber für Jugendliche, die dabeibleiben, die immer wieder ihren »Frust wegknallen« wollen, liegen die Gründe tiefer: Es ist die Vielzahl von Entwicklungsaufgaben, die die Jugendlichen zu bewältigen haben: die Ablösung von zu Hause, hohe Anforderungen in der Schule, eventuell ein gespanntes Familienklima, geschiedene Eltern, die rasant fortschreitende körperliche Entwicklung, der Wunsch und die Angst davor, selbst mehr Verantwortung zu übernehmen. Anders gesagt: in unserem komplexen System einen neuen Platz zu suchen und zu finden. Und das geht nicht über Nacht.

Der 16-jährige Autor Benjamin Lebert spitzt diese Aufgaben in seinem Roman »crazy« zu: *»Das war alles ein wenig viel für mich heute: Anstatt zu schlafen eine Feuerleiter hinaufzuklettern, zu saufen, was das Zeug hält, mal eben ein bisschen zu vögeln und nebenbei erwachsen zu werden. Das reicht für eine Nacht. Da würde jeder kotzen, glaube ich.«*

Bei dem Versuch die neuen Anforderungen zu bewältigen, Altes abzustreifen, Neues auszuprobieren, aber noch keinen festen Halt zu haben, gibt es Rück- und Fehlschläge, die manche Jugendliche besser und manche weniger gut verarbeiten können. Je nach Persönlichkeit, Fähigkeiten und Rückhalt zu Hause gelingt es den Jugendlichen mehr oder weniger, Enttäuschungen auszuhalten und damit fertig zu werden. Jugendliche, denen das schwer fällt oder unlösbar erscheint, sind eher bereit, einen »Ausweg« in Form von Drogen und Alkohol zu suchen, erhoffen sich eher Halt durch eine stark erscheinende Clique oder Sekte. Drogen, Alkohol, Tabletten, Sekten, Kriminalität können als

Flucht aus der Realität verstanden werden. Die Anforderungen, die das Leben stellt, erscheinen zu hoch, zu schwierig oder eben sinnlos.

Wie können Eltern sich verhalten?

»Alkohol und Drogen sind gefährlich, wenn Jugendliche nicht darüber Bescheid wissen. Ich finde, Eltern sollten ihre Kinder über die möglichen Konsequenzen aufklären, es ihnen aber nicht verbieten, denn dann ist der Reiz noch größer.« (Luzi, 16 Jahre)

Wenn Eltern feststellen, dass ihr Kind mit Drogen in Kontakt ist, wenn sie mitbekommen, dass er oder sie trinkt, raucht oder Rauschmittel nimmt, wenn er oder sie deprimiert ist, sich mit »falschen Freunden« umgibt oder gar kriminelle Handlungen begeht, sollten sie handeln. Man sollte solches Verhalten nicht überbewerten, darf es aber auch nicht verharmlosen.

Werten sie das Kind auf gar keinen Fall ab. Die Jugendlichen zu verstoßen oder sie runterzuputzen bewirkt lediglich, dass sie es noch weiter treiben. Das, was die Jugendlichen sagen, sollte ernst genommen werden. Es sollte unbedingt darüber gesprochen werden – in erster Linie mit den Jugendlichen, gegebenenfalls mit anderen Personen, die ihnen nahe stehen oder die die Jugendlichen erleben.

Es ist sinnlos, ein Gespräch zu erzwingen, aber signalisieren Sie Gesprächsbereitschaft. Teilen Sie Ihre Sorgen mit. Nicht vorwurfsvoll, sondern reden Sie dabei von sich. Informieren Sie über die Gefahren, ohne endlose moralisierende Vorträge zu halten. Dabei äußern Sie ein klare Haltung zu Drogen, Alkohol etc. und halten sich auch selbst daran. Etwa: keine Drogen im Haus, kein unkontrollierter Alkoholgenuss. Seien Sie offen und ehrlich, sprechen Sie über ihre Sorgen, verschweigen Sie nicht, wenn Sie mit anderen darüber gesprochen haben und erklären

Sie gegebenenfalls, weshalb Sie misstrauisch sind. Bieten Sie Hilfe an. Fragen Sie die Jugendlichen nach dem Reiz oder den Motiven, die sie haben, das ein oder andere zu tun. Nehmen Sie sie ernst. So auch unbedingt etwaige Drohungen, sich selbst etwas anzutun. Der Selbstmord rangiert bei den Todesursachen in der Pubertät an zweiter Stelle. Versuchen Sie die Jugendlichen in ihrer Persönlichkeit zu stärken. Ihnen Mut zu machen, sie zu ermuntern, ihren eigenen Weg zu finden. Scheuen Sie sich nicht, professionelle Hilfe in Anspruch zu nehmen. Ein Gang in eine Suchtberatungsstelle kann den eigenen Standort klären. Eltern und Jugendliche können sich informieren und von Hilfsangeboten Gebrauch machen.

Kapitel 11

Bis hierhin und dann weiter

Grenzen geben Raum und Halt

»*Unsere Kinder brauchen unsere Liebe dann am nötigsten, wenn sie sie am wenigsten verdient haben.*« (Marie von Ebner-Eschenbach, Schriftstellerin)

Was können wir als Eltern bei den Jugendlichen bewirken? Welchen Einfluss haben wir überhaupt noch und vor allem: Wie können wir diesen geltend machen?

Die Haarbürste, die dauernd abhanden kommt, anbinden, das ständig leere Haarspray der Mutter vom Taschengeld abziehen, das Schloss auswechseln, weil die Tochter immer zu spät nach Hause kommt? Ähnlich drastisches Verhalten erinnert doch eher an ein Zusammenleben mit unmündigen, unzulänglichen Wesen als mit vernünftigen, logisch denkenden Menschen. Diese und ähnliche Maßnahmen sehen Eltern manchmal als ein letztes Mittel, das ihnen im Umgang mit Heranwachsenden zur Verfügung steht.

Heftige Auseinandersetzungen mit den Jugendlichen und deren »unflätiges«, unsoziales Verhalten einerseits, sowie eine bei sich selbst verspürte Hilflosigkeit auf der anderen Seite treiben manche Eltern in Extrempositionen. Entweder versuchen sie ganz restriktiv, die Herrschaft über ihre Kinder zu behalten, eben nach dem Motto »Solange du die Füße unter meinen Tisch stellst, bestimme ich, was du zu tun hast«, oder aber sie wenden sich, wenn das nicht gelingt, in ihrer Hilflosigkeit ganz von ihnen ab.

Ulrike P. z.B. kam in die Gruppe und beschwerte sich über ihre beiden Töchter. *»Sie machen nichts im Haushalt, putzen nicht, räumen nicht auf, ich bin jetzt dazu übergegangen, das Klo, wenn es nicht sauber ist, einfach abzuschließen. Die Kleine nimmt dann direkt den Putzlappen in die Hand, aber die Große flippt aus, schreit, knallt die Türen und haut ab. Ich sage Ihnen was: Mit der bin ich ›durch‹, mit der bin ich fertig, um die kümmere ich mich gar nicht mehr. Ich komme jetzt nur wegen der Kleinen zu ihnen.«* Frau P. versucht Druck auf ihre Töchter auszuüben, bei der jüngeren führt das momentan(!) zum gewünschten Erfolg, bei der Älteren nicht mehr. Als sie sieht, dass sie mit Druck nicht weiterkommt, lehnt sie die Tochter ab, schlägt ihr alle Türen zu. Sie verstößt sie und entzieht ihr dadurch jeglichen Halt, den sie von zu Hause dringend bräuchte, auch wenn es überhaupt nicht den Anschein hat.

Familie ist für Jugendliche nach eigenen Angaben eine ganz wichtige Säule. Auf die Frage »Was ist für Sie das Wichtigste im Leben?« nannten von 1000 Jugendlichen 62% »Familie«. Damit steht Familie an erster Stelle vor Freundschaft, Liebe und Geld.[50]

Kaum zu glauben, dass die Jugendlichen, die zu Hause rebellieren und »null Bock«, »Lass mich in Ruhe«, »Mach deinen Kram doch selber« signalisieren, tatsächlich alles andere brauchen, als von den Eltern verstoßen zu werden. Aber wie soll das gehen? Wie sollen Eltern Halt geben und da sein, wenn es auf der anderen Seite keinen Zugang zu geben scheint? Wenn manche 14- bis 16-Jährige nichts besseres zu tun haben, als die Wohnung in einen »Saustall« zu verwandeln, die Musik so laut aufzudrehen, dass die Kündigung droht, und auch noch Mutters Portemonnaie um wesentliche Summen erleichtern?

Regeln als Orientierung

Auch wenn es paradox klingt, verhält es sich in den meisten Fällen so, dass die Jugendlichen, die alles »blöd« finden, was von den Eltern kommt, ausgerechnet eine klare Haltung und entsprechende Regeln wollen. Denn die klar geäußerte Meinung der Eltern ist das, woran sie sich »abarbeiten« können. Sie ist wichtig für sie, und sei es, um sie »bescheuert« zu finden. Und zwar auch dann, wenn die Jugendlichen gnadenlos Kritik üben und sich ganz dringend eigentlich andere, »tolerantere«, »bessere« Eltern wünschen.

Das bedeutet, dass klare Standpunkte ebenso wie klare Regeln und Grenzen aus vielerlei Gründen notwendig sind:
⇨ Die Jugendlichen haben Orientierungspunkte.
⇨ Sie haben einen Standort, von dem sie ausgehen können, an dem sie sich auch reiben können.
⇨ Sie lernen, sich mit gewissen Gegebenheiten zu arrangieren, darüber zu diskutieren, sich zu ärgern, sich abzusetzen, es anders zu machen, ihren Weg zu finden.
⇨ Sie erfahren: Ich bin meinen Eltern nicht egal.
⇨ Und sie erhalten Schutz, den sie auch immer noch dringend brauchen.

> *»Ich finde, Eltern sollten Grenzen setzen, wenn Aktionen der Kinder gefährlich werden oder sie keinen Respekt mehr vor ihren Eltern haben.«* (Luzi, 16 Jahre)

Das heißt aber auch: Ziehen Sie sich nicht frustriert, resigniert oder beleidigt aus der Erziehung Ihrer Kinder zurück. Erziehung ist Beziehung. Das bedeutet: Es muss eine Verbindung zwischen Eltern und deren Kindern geben. Eltern sollten diese auf keinen Fall abreißen lassen. Die Jugendlichen brauchen diese Bindung, und sie brauchen ihre Eltern als Vorbilder. Die Regeln, die in dieser Beziehung gelten, könnten zu einem Teil auch in anderen Beziehungen gelten. Es geht also darum, da zu sein und zuzuhören, und nicht darum, einfach nur zu belehren. Die Kinder in ihrem Wesen erst einmal so anzunehmen, wie sie sind.

Wir stellen in unseren Gruppen häufig fest, dass Eltern ihre Kinder überreden. Das heißt, sie fangen an sie zu »belabern«, gehen von bestimmten Voraussetzungen aus, ohne erst einmal zuzuhören oder nachzufragen, was die Kinder denn eigentlich im Sinn haben. Wenn Sie wirklich die Zeitung weglegen und vorurteilsfrei zuhören ohne zu werten und auf Geschichten zu lauern, die Sie vielleicht nicht billigen, werden Sie mitunter eine Menge von ihren Kindern erfahren.

Andererseits haben Eltern mitunter oft auch ganz banale Vorstellungen davon, wie ihre Kinder sein sollen. Sie sollten schneller sein, nicht so träge oder die Aufgaben langsamer erledigen, nicht so »schnell, schnell«, sie sollten weniger aufmucken, sich mehr für Sport interessieren, weniger Computer spielen und und und… Die Liste ließe sich endlos fortsetzen. Dabei kommen erstaunliche Dinge heraus, wenn wir fragen: Was kann Ihr Sohn oder Ihre Tochter, was Sie nicht können? »Blumen binden, mit dem Computer umgehen, ist informiert über das Tagesgeschehen, Skateboard fahren.« Die Kinder anzunehmen, wie sie sind, ist eine Voraussetzung für Vertrauen und eine gute Beziehung.

»Wenn wir den Versuch beenden, unsere Kinder gemäß der Vorstellung zu formen, wie sie sein sollten, können wir sie allmählich so sehen, wie sie wirklich sind.«[51] (Anne Wilson Schaef, Psychotherapeutin)

Eine andere Voraussetzung besteht darin, zu sich selber zu stehen, zu seiner Haltung, und sei sie noch so konservativ oder altmodisch. Diese Haltung sollten Eltern vertreten und sich nicht ständig hin- und herreißen lassen von dem, was andere finden.

Marianne P. kommt ganz aufgelöst in die Gruppe. In der letzten Stunde hätten die anderen Gruppenteilnehmerinnen ihr autoritäres Verhalten ihrem Sohn gegenüber nachgesagt. Das habe sie sehr getroffen. Sie wolle alles andere als autoritär sein. Außerdem werfe ihr Mann ihr immer das Gegenteil vor, sie sei nicht autoritär genug, zu lasch, zu inkonsequent. Jetzt wisse sie überhaupt nicht mehr, woran sie sei. *»Wie soll ich mich denn nun verhalten?«* fragt sie ziemlich ratlos. Es ist gut, sich die Standpunkte der anderen anzuhören, aber vertreten muss jeder seine eigenen. Und über die sollten Eltern versuchen sich klar zu werden. Etwa: »Ich bin der Meinung, die Schularbeiten sollten vor dem Fußball erledigt werden« oder »Die Jugendlichen sollten im Haushalt mithelfen«. Die Gruppe hat in einem Rollenspiel nur einen kleinen Teil des Verhaltens von Frau P. mitbekommen und auch ihr Mann sieht immer nur einen Ausschnitt. Als erste Regel gilt: Verhalten Sie sich so, wie Sie es für richtig halten. Wer selber einen klaren Standpunkt hat, kann den vertreten und von da aus diskutieren, aber eben auch konsequent sein. Beziehen Sie also ihren Standpunkt, auch wenn der Ihnen noch so unpopulär erscheint. Dann können Sie auch dazu stehen. *»Ich ärgere mich, wenn ich sage: Du stehst nicht auf, bevor du den Teller leer gegessen hast, und dann räum ich schließlich doch den Teller voll mit Rosenkohl ab«*, klagt Gabriele M. Solche Situationen sind sicher vielen vertraut. Man setzt eine Regel und weiß plötzlich nicht mehr, ob man sie selber noch so sinnvoll findet, geschweige denn in der Lage ist, dafür zu sorgen, dass sie eingehalten wird. Natürlich spüren das die Jugendlichen und setzen sich über die Regel der Eltern hinweg. Wenn es geht – und es geht nicht immer – sollten Sie vorher überlegen: »Macht das jetzt Sinn, dass ich meinen jugendlichen Kindern noch vorschreibe, was sie essen sollen, oder weiß ich eigentlich genau: ›Das müssen sie mittlerweile selbst entscheiden?‹«

Kritik an der Sache — nicht an der Person!

Manche Eltern haben Angst, Grenzen zu setzen. Aber Grenzen zu setzen heißt nicht:»Ich verstoße mein Kind«. Frau P. nimmt die totale Vernachlässigung der häuslichen Pflichten ihrer Töchter als persönliche Beleidigung und reagiert entsprechend, indem sie die älteste Tochter als Person ablehnt. Eine solche Reaktion dient aber lediglich der Schwächung des jugendlichen Selbstbewusstseins. Insofern kann es nicht angehen, die Jugendlichen als Menschen abzuwerten oder abzulehnen, sondern lediglich deren Handlungen. Und was die anbelangt, können Eltern davon ausgehen, dass sie nicht in erster Linie persönlich gegen sie gerichtet sind. Es ist etwas anderes, ob der Ehemann permanent, trotz mehrfacher Hinweise, konsequent das Abräumen und Saubermachen der Ehefrau überlässt oder die Kinder so verfahren. Die Jugendlichen sind in diesem Alter mit sich selbst und anderem so beschäftigt, dass man sie, wie meine Kollegin Angela Krüger meint, jeden neuen Tag wie ungelernte Arbeiter behandeln muss, zumindest was Ordnung und Mithilfe im Haushalt anbelangt. So etwa kann es passieren, dass eine Mutter ihren 16-jährigen Sohn bittet, den Mülleimer hinauszutragen und der fragt, als sei er erst gestern in die Wohnung eingezogen, wo der denn stehe. Die Mutter braucht sich in solchen Fällen ein »Da, wo er schon seit zehn Jahren steht« durchaus nicht zu verkneifen, zumal sie ja weiß, dass ihr Sohn auch sonst nicht so begriffsstutzig ist. Aber sie muss sich durch solche Ignoranz nicht persönlich angegriffen fühlen wie beispielsweise Frau K. Diese ist empört darüber, dass ihre Kinder immer und immer wieder die Teller nach dem Essen nicht abräumen. Erbost zitiert sie sie wieder her und besteht darauf. Aber der innere Aufwand für sie selbst »zermürbt« sie, wie sie sagt. Sie fühle sich immer wieder vors Schienbein getreten, und die blauen Flecken würden bleiben. Mit etwas weniger Groll könnte sie die dreckigen Teller vielleicht bis zum Abendessen einfach stehen lassen – ohne sich zu ärgern.

Der gewünschte Erfolg, nämlich ein halbwegs erträgliches Zusammenleben, stellt sich durch die Alternative »Entweder du tust, was ich sage oder ich verstoße dich« nicht ein. Liebesentzug ist kein geeignetes Mittel. So zieht Frau P's Mitteilung »Du putzt das Klo nicht, also bist du es nicht mehr wert von mir geliebt zu werden« der Tochter lediglich den Boden unter den Füßen weg. Anders wäre eine Äußerung wie »Deine Missachtung der häuslichen Regeln gefällt mir nicht.« Reden Sie von sich: »Ich möchte auf eine saubere Toilette gehen, und wir leben nun mal zusammen. Da gilt es Rücksicht zu nehmen – von allen Seiten.«

Schlagen Sie den Jugendlichen die Tür nicht für immer zu. Bieten Sie ihnen die Möglichkeit, auch von sich aus, wenn sie es wünschen, wieder auf Sie zuzugehen. Die Jugendlichen auszusperren mag in bestimmten Notsituationen vielleicht unumgänglich erscheinen. Sie aber wegzuschicken mit den Worten »Ich will dich hier nicht mehr sehen. Wag es bloß nicht, hier wieder hereinzukommen« ist kein geeignetes Mittel, um einem Kind seine Grenzen zu zeigen. Wichtig ist, dass die Jugendlichen ein deutliches Signal bekommen: »So geht es nicht. Ich billige dein Verhalten in keinster Weise. Aber die Tür steht auf. Wir können reden, nur eben nicht so.«

Logische Konsequenzen statt Strafen

Das Verschließen der Toilette ist eine Strafe, die anzeigt, wer der oder die Stärkere im Haus ist, wer die Schlüsselgewalt besitzt, mehr nicht. Die Konsequenz »Wenn ihr die Toilette nicht sauber macht, könnt ihr nicht mehr aufs Klo« ist nicht logisch und nachvollziehbar, sie soll lediglich eine Machtposition verdeutlichen und ist dazu angetan, Aggression oder Resignation auf der anderen Seite hervorzurufen.

Eine logische Konsequenz für die Reinhaltung des Klos wäre jemanden dafür zu bezahlen, der das macht, und den Mädchen dafür einen festen Betrag von ihrem Taschengeld abzuziehen. Logische Konsequenzen ergeben sich immer nur aus der Sache selbst. Mutter und Töchter sollten im vorliegenden Fall gemeinsam überlegen: »Wie können wir die Arbeiten im Haushalt aufteilen?« und »Was machen wir, wenn einer seinen ›Dienst‹ nicht erfüllt?« Hier würden die Töchter in Regelungen mit einbezogen und die Verantwortung mit tragen. Das heißt auch, dass eine Konsequenz, wenn sie dann in Kraft tritt, abgesprochen und damit vorhersehbar und nicht willkürlich ist.

Petra L. hatte ihren 16-jährigen Sohn Johannes dabei erwischt, wie er um Mitternacht nach der allgemeinen Verabschiedung noch aus dem Fenster gestiegen war und erst im Morgengrauen zurückkam. Um nicht weiter derart »hintergangen« zu werden, ließ sie die 24-Uhr-Grenze, die bislang für Wochenenden galt, komplett fallen. *In den Ferien kannst du abends nach Hause kommen, wann du willst. Nur eine Bedingung knüpfe ich daran: Du musst jeden morgen um 10 Uhr am Frühstückstisch sitzen.«* Johannes ließ sich auf den »Deal« ein. Aber schon am dritten Tag erschien er nicht wie verabredet um 10 Uhr zum Frühstück. Frau L. weckte ihn und mahnte an den »Vertrag«. *»Wieso soll ich denn um 10 Uhr aufstehen?«,* wollte Johannes wissen. Und: *»Das sehe ich gar nicht ein.«* Die von der Mutter gezogenen Konsequenzen waren von zweierlei Schwierigkeiten gekenn-

zeichnet: Die »24-Uhr-Grenze« war unbegrenzt aufgelöst, sodass
für Johannes kein Orientierungspunkt mehr vorhanden war.
»Wieso jetzt plötzlich so lange, wie ich will?«, muss Johannes
sich gefragt haben. Und weiter: »Durch Einmal-Abhauen lässt
sich offenbar alles erreichen.« Die Nachsicht der Mutter vermit-
telte ihm also einerseits Unsicherheit, andererseits neuerliche
Strategien, sie zu hintergehen. Und die andere falsche Konsequenz lag in der Nachricht: »Wenn du etwas für mich tust, tu
ich auch etwas für dich. Mein Bedürfnis ist ein gemeinsames
Frühstück, dafür erlaube ich auch, grenzenlos wegzubleiben«,
wobei sie nebenbei gehofft hatte, er würde automatisch nicht so
spät kommen, weil er ja früh aufstehen müsse. Diesen »Kuhhandel« aber hatte Johannes bemerkt und sich zu Recht gefragt:
»Was hat das gemeinsame Frühstück mit den Ausgehzeiten zu
tun?« Er musste schließlich nicht früh aufstehen, denn er hatte
ja Ferien. Eine andere Möglichkeit wäre für Frau L., ihr Bedürfnis nach einem gemeinsamen Frühstück mit Johannes von dem
Bedürfnis, ihm sinnvolle Grenzen zu setzen, zu trennen. So
könnte sie klarere sinnvolle Grenzen setzen und wäre nicht »be-
stechlich«. Sie könnte sagen: »Du kannst in den Ferien eine halbe Stunde länger wegbleiben als sonst.« So würde die Grenze etwas gelockert, der besonderen Situation, Ferien, angeglichen
und es würde keine unlogische Verbindung gezogen, die der
Sohn nicht einsehen kann und die er vielleicht, wie jemand aus
der Gruppe meinte, als »Zuckerbrot und Peitsche« empfindet.

Grenzen sollten überschaubar sein

Wolfgang B. hat zwei Kinder, die er jedoch nur am Wochenende
sieht. Ansonsten leben sie bei seiner geschiedenen Frau. In der
Gruppe erzählt er, dass Marina, die 14-Jährige, leidenschaftlich
gerne reitet. Vor einem Jahr ist sie in der Schule total abgesackt.
Seine Frau hat ihr dann das Reiten untersagt. Ihre Leistungen

wurden kurzfristig besser, aber das Reiten ist immer noch verboten. Irgendwann sackten die Leistungen auch wieder ab. Die Konsequenz stellte sich für Marina als unverhältnismäßig und letztlich unpassend dar. Abgesehen davon, dass sich das Reitverbot nicht als logische Konsequenz aus den schlechten Schulleistungen ableiten lässt, ist die Dauer der Strafe unverhältnismäßig hoch. Ein Jahr ist unüberschaubar lang. Durch das Reitverbot signalisiert die Mutter lediglich:»Ich übe Druck auf dich aus. Wenn du deiner Lieblingsbeschäftigung nachgehen willst, bist du mir ausgeliefert.«

Sinnvoller wäre es, zunächst zu gucken: Wie kommt es zu den schlechten Noten? Denn wenn das Mädchen vom Reiten tatsächlich so eingespannt ist, dass sie nicht mehr dazu kommt, ihre Hausaufgaben zu erledigen, dann wäre eine Reduzierung vielleicht sinnvoll. Ansonsten muss man weitersehen. In jedem Fall würde ein Gespräch über die Schwierigkeiten und ein gemeinsam getroffenes Abkommen die Würde der Jugendlichen bewahren und stärken und ihr eine Möglichkeit geben, selbst Einfluss auf die Gestaltung ihrer Zeit zu nehmen.

Flexible Grenzen

Was mit kleinen Kindern schon mal anstrengend war, fordert die Eltern von heute mit ihren»Großen« noch mehr, denn auch Grenzen haben Grenzen. Anders gesagt: Sie haben ein Haltbarkeitsdatum, und wenn das abgelaufen ist, müssen neue Regeln aufgestellt werden. Was heißt, dass sie immer einen Sinn haben sollten und niemals Selbstzweck sein dürfen. Das erfordert, natürlich auch von den Eltern, viel Flexibilität. So geht es beispielsweise darum zu fragen:»Hat es einen Sinn, dass Margarethe heute um acht Uhr zu Hause sein muss, weil wir das mal so vereinbart haben, oder ist es ›sinniger‹, ihr bis halb neun einzuräu-

men, weil sie dann mit einer Freundin zusammen von der Bushaltestelle nach Hause gehen kann?«
»Bei uns werden Regelungen ständig neu überprüft und neu festgelegt. Mit vier Kindern zwischen sieben und 14 Jahren sind die Bedürfnisse so unterschiedlich. Im letzten Jahr waren z.b. alle vier in einer Ferienfreizeit. In diesem Jahr wollen die Kleinen lieber mit uns fahren. Was die Großen machen, wird noch überlegt.« (Vater von vier Kindern).

Genauso gilt auch: Es macht keinen Sinn, an Konsequenzen festzuhalten, die nicht eingehalten werden, denn Grenzen, die nicht funktionieren, passen vielleicht nicht mehr. Vielleicht ist eine Grenze auch nicht mehr zeitgemäß und verträgt sich nicht mit der Weiterentwicklung des Jugendlichen, der durchaus schon weiter gesteckte Grenzen vertragen kann. Es geht darum zu gucken, warum etwas nicht (mehr) funktioniert und was geändert werden kann. Nehmen Sie sich die Zeit dies herauszufinden und werten Sie Störungen nicht als mutwillige Provokation.

Miriam z.B. hat mit ihren Eltern vereinbart, dass sie abends pünktlich um acht Uhr zu Hause sein muss. Wenn sie später kommt, darf sie eine Woche lang gar nicht mehr raus. Als sie die Uhrzeit überschreitet, tritt das Verbot in Kraft. Die Woche kommt ihr endlos vor. Als sie endlich wieder raus darf, kommt sie wieder ein halbe Stunde später als vereinbart. Ihre Mutter ist irritiert:»Aber wir haben das doch so abgesprochen?« Doch die Grenze kann nicht funktionieren. Eine Woche Ausgehverbot für Eine-halbe-Stunde-zu-spät-Kommen ist zu lang und unangemessen. Angemessener wäre zu sagen:»Heute warst du eine halbe Stunde zu spät, dann kommst du morgen eine halbe Stunde früher.« Sozusagen ein Zeitkonto einzurichten oder jedenfalls eine angemessene und überschaubare Konsequenz zu ziehen. Eine Konsequenz, die nicht willkürlich aus einer Laune heraus gesetzt wird, sondern aufgrund reiflicher Überlegung unter Einbeziehung der oder des Jugendlichen.

Grenzen sind zum Überschreiten da

»Wir werden unseren Kindern doch nicht freiwillig anbieten, dass sie abends länger ausbleiben dürfen«, sagte mal eine Mutter in der Gruppe und erntete schallendes Gelächter.

Die Vorstellung erschien allen komisch. Geradezu absurd. Es muss doch andersherum laufen. Die Kinder und Jugendlichen sollen sich holen, was sie brauchen, sie sollen sich ihre Freiheiten erkämpfen. Sie sollen etwas dafür tun, dass sie abends länger wegbleiben dürfen, dass sie eine besondere Sendung sehen dürfen, dass sie mehr Taschengeld bekommen.

Klassisches Beispiel: »Ich geh auf die Party im Nachbardorf.«

Jutta K. erzählt: *»Sandra kam aus der Schule nach Hause und sagte, sie wolle am Wochenende auf eine Party gehen. Sie führe mit ihrer Freundin Sabine dorthin und beide würden dort übernachten. Wir haben erst einmal gezögert. Sandra fing gleich an zu betteln:* ›Alle fahren dorthin‹, *sagte sie,* ›wenn ich nicht darf, bin ich wieder die Einzige, die nicht darf.‹ *Wir kamen natürlich ins Schwanken. Wir wollen doch nicht die Strengsten sein und unsere Kinder dadurch zu Außenseitern machen. Das weiß Sandra natürlich auch ganz genau.«* Was können die Eltern tun? Auf jeden Fall erst einmal mehr über die Party in Erfahrung bringen: Wer ist noch eingeladen? Was ist dort geplant? Ist es sinnvoll und möglich, eine Fahrgemeinschaft für die Rückfahrt zu bilden? Gegebenenfalls können die Eltern die Tochter fragen, ob sie einverstanden ist, wenn sie sich mit Sabines und Karins Eltern besprechen. Diese Frage lässt bei manchen Kindern vielleicht schon die Alarmleuchte angehen, weil sie fürchten, dass man herausfindet, es dürfen doch nicht alle. Ein »Mach doch« von Seiten der Kinder könnte die Situation klar stellen. Wie immer die Entscheidung auch ausfällt: »Die anderen dürfen auch!« ist kein ausreichendes Argument. Im Idealfall kommen Eltern und Kinder gemeinsam überein, dass Letztere nun alt genug sind, um auf sich selber aufpassen zu können. Tritt dieser Idealfall nicht ein und sind Eltern der Meinung, dass gewisse Grenzen und Kontrollen notwendig sind, müssen sie ihre Haltung begründen. Nur dürfen sie nicht unbedingt mit verständnisvollen Jugendlichen rechnen, die brav antworten:»Ja, Mama, du hast ja Recht.«

Wenn Sie sich jedoch dafür entschieden haben, Grenzen zu setzen, müssen Sie konsequent sein und diese auch einhalten, denn sonst ist Ihre Strategie wirkungslos. Kinder und Jugendliche werden sehr schnell spitzkriegen, ob Sie es wirklich ernst meinen. Bleiben Sie ruhig, aber bestimmt.

Kapitel 12

Wie kann ich bei der »zweiten Geburt« helfen?

Die Kunst des Loslassens

»Solange die Kinder noch klein sind, gib ihnen Wurzeln; wenn sie älter geworden sind, gib ihnen Flügel.« (indianisches Sprichwort)

Grenzen setzen und Halt geben sind untrennbar verbunden mit Ablösung und Loslassen und das fällt vielen Eltern schwer. Gründe, sich weiterhin um alles »für die Kinder« zu kümmern und ihnen wenig Spielräume zu lassen, finden Eltern mehr als genug:

»Wie soll ich meinen Sohn denn alleine seine Schularbeiten machen lassen? Wenn ich mich nicht darum kümmere, dann macht er sie doch gar nicht.« – *»Wenn meine Tochter eigenverantwortlich die Meerschweinchen versorgen soll, dann verhungern die armen Tiere.«* – *»Meine Tochter kann ich noch nicht übers Wochenende allein lassen, die schafft es nicht, sich gegen ihre Freunde durchzusetzen, wenn sie etwas nicht will.«* – *»Kaum bin ich weg, stellen die mir doch die Bude auf den Kopf«* – *»Ordnung würde mein Sohn doch nie halten, wenn ich da nicht hinterher wäre.«*

So oder anders klingen die Argumente, die Eltern angeblich »zwingen«, Jugendliche bestimmte Sachen nicht machen zu lassen, ihnen enge Grenzen zu setzen, sie eben immer weiter als Kinder zu behandeln. Manche Mütter merken gar nicht, dass sie von ihren 13-Jährigen immer noch erzählen, sie würden in ihrer Freizeit »spielen gehen«, obwohl sie gleichzeitig körperlich schon voll entwickelt sind und ihre Puppen oder Autos längst in die hinterletzte Ecke des Schrankes gepackt haben. Symbiotische

Bindungen zwischen Eltern und ihren Kindern können dafür sorgen, dass die Kinder es nie schaffen, ihr eigenes Leben zu leben und selbstständig zu werden.

So ergeht es z.B. dem Sohn, der jetzt mit 32 Jahren von zu Hause ausgezogen ist. Seine Mutter zweifelt immer noch daran, dass er und seine Frau mit seiner Neurodermitis, bei der ja oft die Bettwäsche gewechselt werden muss, allein klarkommen. Oder der 45-Jährige, der zwar alleine wohnt, jedoch jedes Wochenende seine Mutter besucht: Solche Enge kann verhindern, dass er eine Partnerschaft zu einem anderen Menschen aufbaut.

Übertriebene Liebe, Sorge oder der moralisierende Hinweis »Ich will ja nur dein Bestes« können Kinder und Jugendliche in ihrer Entwicklung und ihrem Selbstständigwerden langfristig behindern. Gerade in der Pubertät wird »klammerndes Verhalten« von Eltern besonders deutlich und erweist sich in der Folge als problematisch, denn hier geht es um die Ablösung, die letztendlich zum vollends eigenverantwortlichen Handeln und Leben führen soll. Von daher ist eine solche Loslösung auch häufig mit Streit und Kampf zu Hause verbunden. Ein Vater kommentierte die unumgänglichen häuslichen Auseinandersetzungen scherzhaft: »*Wir wollen wohl, dass unsere Kinder lernen, sich durchzusetzen, nur werden wir sehr ärgerlich, wenn sie das bei uns zu Hause versuchen.*«

Welche Gründe sind es außerdem, die hinter übertriebenem elterlichem »Festhalten« stecken?

Reale Gefahren

Wenn die Kinder eine individuelle Besonderheit, ein Handicap, eine Krankheit haben, ist es verständlicherweise für Eltern besonders schwierig, sie loszulassen. Christine D. z.B. erzählt von ihrem 14-jährigen Sohn Toni, der unter Diabetes leidet. »*Ich bin am Anfang immer mehr oder weniger hinter ihm hergelaufen, damit er seinen Zuckerspiegel kontrolliert und sich regelmäßig spritzt«.* Und denkbar sind noch andere, wirklich lebensbedrohliche Gefahren, die ein besonderes Augenmerk auf die Bindung und das Loslassen erfordern. Das geht nur durch einen Austausch darüber, wie verantwortungsbewusst der Jugendliche mit seiner Krankheit umgehen kann. Es gibt schon Kinder, die sich selber spritzen und damit eine wichtige Autonomie von den Eltern erreichen.

Frau D. hat sich selber zur Zurückhaltung zwingen müssen, dazu, ihrem Sohn die Verantwortung für sein Leben selbst zu übertragen. Anfangs hat sie es sogar aushalten müssen, dass seine Blutzuckerwerte vorübergehend schlechter wurden.

Eigene Erfahrungen

»Meine Eltern haben sich gar nicht um mich gekümmert, ich wurde ständig von einer Oma zur anderen geschoben«, erinnern sich Eltern an die Defizite ihrer eigenen Jugend und wollen diese gern ihren Kindern ersparen. *»Mir hat nie einer etwas gezeigt, ich musste mich immer um alles selber kümmern, wie gerne hätte ich mich mal an die starke Schulter meines Vaters gelehnt«,* hat Ute B. die Konsequenz aus dem Beziehungsmanko ihrer Jugend gezogen.

»Ich war selbst ein Schlüsselkind und meine Kinder sollen nicht erleben, dass sie nach Hause kommen und keiner ist da«, hatte sich Manuela S. für ihre Erziehung vorgenommen, ihren Beruf aufgegeben und sich zu Hause in erster Linie als Mutter eingerichtet. Dabei hätte sie fast übersehen, dass die Kinder älter werden und selbstständiger und der 13-Jährige sich durchaus schon selber die Badewanne einlaufen lassen kann. Dass sie sich als »Übermutter« verhielt, quasi »von Beruf Glucke« war, hatte sie nicht bemerkt. *»Die sitzen in ihren Kindern«,* kommentiert meine Kollegin Angela das Verhalten von Eltern, die ihre Kinder mit wachsamen Augen auf Schritt und Tritt verfolgen und sich ausschließlich über diese definieren.

Das will ich dir ersparen

»Die Weisheit des Alters ist Gift für die Jugend. Sie könnte Fehler
verhindern, die unerlässlich sind – für die Weisheit des Alters!«
(Oliver Hassenkamp)

Manchmal haben Jugendliche Pläne oder Vorsätze, von denen Eltern meinen, dass sie mit Sicherheit »in die Hose gehen«. Also
versuchen sie möglicherweise alles, um ihren Kindern die, in ihren Augen, unnötigen Erfahrungen zu ersparen. Sie setzen enge
Grenzen oder räumen ihnen sämtliche Hindernisse aus dem Weg.
Die Argusaugen auf die Aktivitäten für die Schule sind unter
Umständen nichts anderes als der Versuch, Niederlagen zu verhindern. Wobei die Eltern übersehen, dass sie damit auch Konsequenzen verhindern, die sich aus einem möglichen Verhalten
der Jugendlichen ergeben – und seien es eben negative –, oder
möglicherweise erfolgreiches Handeln, wenn Jugendliche »aus
Fehlern« lernen und mit Niederlagen fertig geworden sind. Die
Erfahrung »Ich kann mit Fehlschlägen umgehen und komme
auch wieder auf die Beine« ist wichtig, um Vertrauen in sich
selbst und seine Fähigkeiten zu entwickeln. Nur durch eigene
Erfahrung erhalten die Jugendlichen die Gewissheit: »Ich kann
beim nächsten Mal selber verhindern, dass ich wieder in die
gleiche Zwangslage oder Notsituation komme.«

Auch die Jugendzeit ist begrenzt

Die Sorge um die Kinder füllt für viele Jahre die Zeit der Eltern
aus. Sie mussten sich keine Gedanken darum machen, wie sie
ihre Tage verbringen, denn klar war, dass es im Zweifel immer
etwas für die Kinder zu tun gibt. Und dann kommt plötzlich die
Erkenntnis »Die kommen schon alleine klar« – für manche
Mütter eine bittere Feststellung, denn aus ihr lässt sich ja auch

der (Fehl-)Schluss ableiten: »Die brauchen mich nicht mehr. Ich bin überflüssig.«

Ingrid M. beschreibt ihre Betriebsamkeit zu Hause mit den drei Kindern im Vergleich zu der Gelassenheit ihres Mannes: »*Mein Mann kann sich eine halbe Stunde hinsetzen und Zeitung lesen, ich kann das nicht*«, empört sie sich zunächst über die stoische Gelassenheit ihres Partners. »*Ich kann mir das nicht leisten. Ich bin immer in Bewegung.*« Und dann fügt sie selbstironisch über ihre eigene Emsigkeit hinzu: »*Ich hole mir vielleicht auch die Bestätigung aus dem ›Gebrauchtwerden‹. Wenn die Kinder allein und ohne mich zurechtgekommen sind, fühle ich mich vielleicht auch überflüssig.*« Und wer möchte das schon sein?

Dazu kommt: Eltern, die jahrelang ihr Leben nach den Kindern ausgerichtet haben und darin ihre Bestätigung und ihren Lebenssinn gefunden haben, müssen sich nach etwas Neuem umgucken. Sie haben vergessen, dass die gemeinsame Zeit mit den Kindern eben auch nur ein Lebensabschnitt ist, der vorbei geht. Jetzt müssen sie sich fragen: Wie kann ich mein Leben wieder mit Sinn füllen?

Es ist wichtig, sich jetzt erneut mit der Beziehung zum Partner auseinander zu setzen, sich zu fragen: »Wie befriedigend ist diese Beziehung?« Oder auch: »Habe ich mir von den Kindern etwas geholt, das ich von meinem Partner oder meiner Partnerin nicht bekommen habe?« Martha S., Mutter von drei Kindern zwischen 15 und 21, erzählt: »*Mein Mann und ich sind, seit wir Kinder haben, nicht mehr zusammen ausgegangen. Ich war immer zu Hause und habe mich um die Kinder und den Haushalt gekümmert. Jetzt, wo die Kinder gehen, habe ich plötzlich Angst vor der Zweisamkeit mit meinem Mann. Ich weiß gar nicht, ob das noch funktioniert.*«

Das alles ahnen manche Eltern schon lange, bevor es so weit ist. Denn wenn die Kinder in der Pubertät sind, deutet sich die Veränderung schon an, und dennoch bleibt gerade jetzt noch Zeit, sich Gedanken zu machen.

Besondere Loslösungsängste stellen wir häufig bei Eltern fest, deren jüngstes Kind in der Pubertät ist. »Mit den anderen hatten wir keine Schwierigkeiten, aber mit ihm jetzt ...« heißt es dann. Und daran wird deutlich: Bei den Älteren gab es immer noch genug anderes zu tun und auch noch Kinder, die länger da sein würden. Aber jetzt läutet sich unabänderlich der Abschied von der »bevormundenden, engen Elternschaft« ein. Da kümmern sich Eltern ganz anders, noch einmal mehr und vielleicht »zu viel«.

»Eure Kinder sind nicht eure Kinder. Sie sind die Söhne und Töchter der Sehnsucht des Lebens nach sich selbst. Sie kommen durch euch, aber nicht von euch. Und obwohl sie mit euch sind, gehören sie euch doch nicht. Ihr dürft ihnen eure Liebe geben, aber nicht eure Gedanken ... versucht nicht, sie euch ähnlich zu machen.« (Aus: Khalil Gibran, Der Prophet)

Manche Eltern tendieren dazu, die Entwicklung ihrer Kinder, die groß werden, nicht zu realisieren, nicht wahrzunehmen. Sie wollen sie klein halten, bevormunden sie und verhindern dadurch möglicherweise eine »gesunde Entwicklung« zur Selbstständigkeit.

Loslassen, aber wie?

In Psychologenkreisen kursiert ein Witz über die engen Beziehungen zwischen Müttern und Söhnen, verbunden mit der engen Beziehung der Italiener zur katholischen Kirche:
Frage: »Warum ist die katholische Kirche in Italien so stark?«
Antwort: »Es gibt kein anderes Land, wo so viele Söhne eine

Mutter haben wollen, die noch Jungfrau ist. Es gibt kein anderes Land, wo so viele Mütter denken, ihr Sohn sei Gott. Es gibt kein anders Land, wo die Mutter es normal findet, dass ihr Sohn mit 33 Jahren noch zu Hause wohnt.«

Einige Stammeskulturen haben spezielle Pubertätsriten, um die engen Bande, die das Kind zu seiner Mutter geknüpft hat, zu zerreißen und sie durch eine stärkere Bindung an die Männer zu ersetzen: Die Nandi-Jungen bekommen Abführmittel und man rasiert ihnen die Köpfe; die Indianer Virginias gaben den Jungen Brechmittel, damit sie alle Erinnerungen an die Vergangenheit vergessen. In Südafrika werfen die Xosa-Jungen ihre Kleider fort und verstellen ihre Sprache. Die Damaras rechnen das Alter eines Mannes vom Zeitpunkt der Beschneidung an und zählen die davor liegenden Jahre überhaupt nicht.[52]

Auch bei uns gibt es Riten, in denen Eltern Jugendlichen bestimmte Dinge, die sie für das Erwachsenenleben für wichtig halten, beibringen:

Eine 40-Jährige erzählt: »*Meine Mutter hat mich mit sechzehn in die Kneipe geschleppt. Ich sollte trinkfest werden, ›damit dich keiner ins Bett kriegt, nur weil du betrunken bist‹.*«

Andere Frauen erinnern sich, wie ihre Mutter ihnen die »Liebe« erklärt hat und sie es ihr sogar abgenommen haben: »*Pass auf Mädel, wenn ein Mann über einen bestimmten Punkt ist, kann er nicht mehr zurück. Eine Frau aber kann immer wieder aufhören.*« Solche vermeintlichen »Ritterschläge« sind eher als hilfloser Versuch zu werten, die Kinder vor der »bösen Welt« zu schützen. Ein echter Schutz sind sie nicht. Sie machen Angst und verstellen den differenzierten Blick für Realitäten.

Die Loslösung der Kinder von den Eltern ist kein »Hauruck-Verfahren«, sondern ein allmählicher Prozess. Eltern und Kinder haben jahrelang Zeit, sich auf eine neue Art der Beziehung vorzubereiten. Eltern haben Zeit, ihre Kinder immer mehr in die Selbstständigkeit zu entlassen. Die Jugendlichen haben Zeit sich langsam abzulösen, das Erwachsensein zu erproben und auch noch mal zurückzuschlüpfen in die elterliche Fürsorge, wenn ihnen alles etwas zu schnell oder einen Schritt zu weit ging. Bedingung dafür ist, dass Eltern ihre Kinder lassen können und mehr noch, dass sie sie zu eigenen Schritten ermutigen. Es ist wichtig zu signalisieren: »*Wenn du mich brauchst, bin ich weiter da, aber den ersten Schritt musst du alleine tun.*« Entscheidend ist die innere Anteilnahme, denn mit ihr wird eine Brücke geschlagen zwischen Loslassen und Halt geben.

Eigene Erfahrungen überprüfen

Bevor eigene Erfahrungen auf andere übertragen werden, ist es gut, sie auf ihre Gültigkeit und Anwendung in der neuen Situation zu überprüfen. Es nützt nichts wettmachen zu wollen, dass man in der eigenen Kindheit und Jugend viel allein war, indem man sich nun, überspitzt formuliert, zum Leibwächter seiner Kinder erklärt. Stattdessen sollte man differenziert die Frage stellen, wie man seinem Kind einen Halt bieten kann, den man vielleicht selbst früher vermisst hat, ohne es dabei zu erdrücken. »*Sind die Bedürfnisse des Kindes heute die gleichen wie damals meine?*«

Es geht ja auch nicht darum, in allen möglichen und unmöglichen Situationen immer da zu sein, sondern an den Stellen, wo es wichtig ist, wo Hilfe und Präsenz benötigt werden. Sie als Eltern kennen Ihr Kind und werden das in der Regel wissen. Und da macht es schon Sinn, sich hinzusetzen, zu überlegen und erst einmal eine Bestandsaufnahme der bestehenden Situation vorzunehmen: »*Was kann mein Sohn oder meine Tochter schon alleine und ich übernehme es trotzdem?*« Und an genau diesen Punkten wäre Abspecken der elterlichen Sorge und Behütung angesagt.

Jeder muss seine Erfahrungen selber machen

Kristina R. hatte ihrem Sohn immer die Schuhe geputzt, bevor er zur Arbeit ging. *»Einfach, weil er es nicht selber tat«*, begründet sie ihr Verhalten: *»Ich konnte auf ihn einreden wie auf einen lahmen Gaul, er machte es einfach nicht.«* Nachdem ihr die Konsequenz ihres Tuns klar geworden war, dass sich der Sohn vollständig auf sie und ihre Fürsorge verließ, hat sie einmal, nach vorheriger Ankündigung, die Schuhe gelassen, wie sie waren. *»Prompt kam der Rüffel des Arbeitgebers, aber das hat gewirkt«*, berichtet sie. *»Seither war das Putzen seiner Schuhe zwischen uns kein Thema mehr.«* Schwieriger ist das Zulassen von eigenen Erfahrungen beim leidigen Thema Schule. Denn »gute Noten«, so glauben die Eltern zu wissen, »sind das Tor zur Arbeitsstelle«. Permanentes Vokabelabhören, Druck auf die Kinder, dass sie erst vor die Tür kommen, wenn sie mindestens zwei Stunden am Schreibtisch gesessen haben, und unaufgeforderte Kontrolle der Hausaufgaben sind dazu angetan, die Jugendlichen unselbstständig zu halten. »Meine Mutter wird's schon richten« ist alles, was in ihren Köpfen bleibt. Und: »Ich werde weiterhin in passivem Widerstand verharren.« Gerade Schule ist ein wesentlicher Bereich, in dem die Jugendlichen selbst die Verantwortung tragen müssen. Schweren Herzens hatte Alexa S. sich durchgerungen zu sagen: »Dann macht er eben eine Ehrenrunde.« Seither war zumindest der ständige Streit darum aus den Familiengesprächen verbannt und plötzlich konnte sie sehen, dass nach einer Sechs und einer Fünf eine Eins unter der Klassenarbeit stand. Selbst wenn sich ein solcher überwältigender Erfolg nicht gleich einstellt, sollten Eltern alles daran setzen, ihre Kinder darin zu stärken, selber klar zu kommen.

Auch Niederlagen gehören dazu, die schwer für Eltern mit anzusehen sind. Feststeht, dass Eltern ihre Kinder stützen können, ohne sich in deren Belange einzumischen. Das heißt aber auch, den Jugendlichen auf keinen Fall nach einer Niederlage schadenfroh oder besserwisserisch zu begegnen, nach dem Motto »Das hab ich dir ja gleich gesagt«. Seien Sie da, trösten Sie ihr Kind und sprechen Sie ihr Mitgefühl aus. Jetzt braucht es niemanden, der oder die ihm seine Niederlagen »um die Ohren haut«. Im Gegenteil: Ermutigung ist gefragt. Beistand können Sie leisten, indem Sie sagen: »Beim nächsten Mal wird es besser klappen.« Wenn Ihr Sohn oder Ihre Tochter wirklich »nur« faul waren, so wird er oder sie das selber wissen.

Zutrauen und Vertrauen

»Eltern sollten ihre Kinder mehr machen lassen, sie selbst ausprobieren lassen. Sie sollten nur sagen: ›O.k., geh ruhig los, sei aber um acht Uhr wieder da‹ oder ›Wenn du nicht zum Essen kommst, besorg dir was‹«. (Hans, 14 Jahre)

Die Kinder loslassen bedeutet immer auch, ein weiteres Stück Distanz und Entfernung zu ihnen zu schaffen. Es ist ganz normal, dass sich Eltern dann immer wieder sagen: »Ich will das nicht. Mein Sohn oder meine Tochter soll bei mir bleiben.« Dennoch: Nur wer sich trennt, kann sich auch wieder neu finden. Und die Geschichte vom »Hänschen klein«, dessen Mutter so sehr weint, weil sie kein Hänschen mehr hat, macht deutlich, dass der Junge, der voll Tatendrang die Welt erforschen will, lediglich zurückgehalten und begrenzt wird durch die in diesem Fall klammernde Mutter. Schnack und Neutzling erläutern in ihrem Bestseller »Kleine Helden in Not« in anschaulicher Weise, wie »Stock und Hut und Mut« dem kleinen Hänschen gegen die Liebe der Mutter nichts nützen. In seinem Erwachsenenleben werde es ihm schlecht ergehen, wahrscheinlich wird er keine befriedigende Partnerschaft eingehen können, »weil keine so schön weint, wie damals die Mama.«[53]

Die Kinder haben selber Kämpfe auszufechten, um sich zu Hause loszumachen. Zutrauen und Vertrauen seitens der Eltern hilft ihnen, diese Schwierigkeiten zu überwinden. Vertrauen Sie auf den guten Willen der Heranwachsenden. Sie wollen klarkommen und Situationen »gut« meistern. Es ist nicht ihr Interesse, dass Situationen schief gehen oder die Eltern gekränkt werden. Sprechen Sie ihre Sorgen an, aber machen Sie sie nicht zu den Sorgen der Kinder. Sprechen Sie von sich. Wichtig ist, dass Eltern den richtigen Zeitpunkt sehen. Zu früh loslassen kann auch von Seiten der Jugendlichen ein »Klebenbleiben« bewirken. Vertrauen darauf, dass die Kinder »gut« sind, dass sie ihre eigenen Ideen haben, die nicht unbedingt schlechter sind als die der Erwachsenen, ist eine gute Basis. Es sind eben die eigenen Ideen und die sind im günstigen Fall auch mal besser als die der Eltern.

Martina S. erzählte auf die Frage *»Mache ich, kümmere ich mich zu viel um meinen Sohn?«* ein schönes Gleichnis, das sie als Richtschnur für ihr Verhalten im Umgang mit ihrem Sohn bemühte.

> *»Ein Mann hat einen wunderschönen Apfelbaum, dessen ausladende Äste voller Früchte hängen. Plötzlich sagt der Nachbar: Das kann man aber nicht so lassen, die Äste müssen gestutzt werden. Der Besitzer stutzt die eine Seite. Da mischt sich seine Frau ein: Jetzt musst du die andere Seite aber auch beschneiden. Der Besitzer stutzt die andere Seite. Und das Ende vom Lied: Der Baum trägt keine Früchte mehr.«*

Frau S. erzählt, sie habe ihrem Sohn in viele Sachen hineingeredet, sei immer gleich mit ihrer »schlauen Meinung« bei der Hand gewesen, um den Sohn zu belehren. In der letzten Woche aber habe sie ihren Sohn einfach nur gelassen. *»Ich habe ihn seine Gedanken und Ideen ausbreiten lassen und bin damit sehr gut gefahren. Schließlich ist es sein Leben, um das es hier geht.«*

Vertrauen stärkt Selbstvertrauen und das wiederum gibt Kraft, mit neuen Situationen umzugehen, mit Niederlagen fertig zu werden und auf Anforderungen zuzugehen.

Regelungen gemeinsam treffen

Der Umgang zu Hause ist eine gute Möglichkeit, verantwortliches Handeln zu üben. Hier können die Jugendlichen lernen: »Ich bin für mein Handeln selbst verantwortlich, nicht meine Eltern« und auch »Ich bin nicht für das Handeln anderer verantwortlich«. Besprechen Sie Regelungen, die die Jugendlichen betreffen, mit ihnen gemeinsam. Ordnen Sie nicht einfach nur an. Hören Sie die Meinung aller Familienmitglieder, fragen Sie, was jeder bereit ist zu tun, und treffen Sie dann ein Abkommen. Nur wem Verantwortung und Vertrauen entgegengebracht wird, der kann die Übernahme der Verantwortung lernen. In »ungefährlicheren« Bereichen wie Kleidung, Frisur, Freizeitgestaltung, Umgang mit Geld können Jugendliche schon viel Freiraum und damit Verantwortung übernehmen. Absprachen sind vor allem dann vonnöten, wenn es um Ausgehzeiten, Schlafen bei Freunden, Verwalten des Hauses oder der Wohnung, während die Eltern im Urlaub sind, Besuch von Großveranstaltungen oder Partys geht. Hier sollte es klare Regelungen geben.

Nicht »Glucke von Beruf«

Der Ausspruch »*Wer die Kinder loslässt, hat die Hände frei für neue Aufgaben*«[54] ist nicht von mir. Aber offensichtlich ist damit gemeint, man solle sich nicht ausschließlich um seine Kinder kümmern. Kinder und Jugendliche, die merken, dass sie im Leben der Eltern ein Übergewicht haben, spüren plötzlich die Last und Verantwortung für ihre Eltern. Das stellt die Verhältnisse auf den Kopf.

Eltern, die auch anderes machen, als sich nur ihren Kindern zu widmen, bieten ihnen mehr Möglichkeiten sich frei zu entfalten, selbst »Hand anzulegen«. Das entlastet beide Seiten und ist nicht zu verwechseln mit mangelnder Sorge und Liebe. Clara B. hat drei Kinder und betont immer wieder, dass sie durchweg für ihre Kinder da gewesen ist – seit 17 Jahren. Jetzt hat sie aus finanziellen Gründen einen Job annehmen müssen. Ihr Arbeitgeber habe angefragt, ob sie am Heiligabend von 14 bis 20 Uhr arbeiten könne. Ihre Kinder fanden diesen Vorschlag unmöglich. Sie selbst fand die Vorstellung gar nicht so schlecht. Nach einigem »Maulen« zu Hause stellte sie fest, wie die Kinder plötzlich Aktivitäten entwickelten. Sie teilten sich auf, wer den Weihnachtsbaum schmückt, wer sich ums Essen kümmert usw., damit die Feier gleich losgehen kann, wenn die Mutter nach Hause kommt.

13. Kapitel

»Hätte ich das anders machen sollen?«

Eltern sind auch nur Menschen

»*Was sollen unsere Kinder später über uns sagen?*«, fragte eine Mutter in der Gruppe. »*Sie war liebevoll und hatte Verständnis für mich.*« – »*Sie akzeptierte meine Freunde so wie sie waren.*« – »*Wenn ich Probleme hatte, konnte ich zu ihr kommen.*« – »*Sie hatte Zeit für mich, wenn ich sie brauchte*«. So oder ähnlich lauteten die Antworten.

Eins, da waren sich die Gruppenmitglieder einig, wollen sie nicht als herausragende Erinnerung bei ihren Kindern hinterlassen: »*Sie hatte eine Hassliebe zum Staubsauger.*«

Der Druck, »gute Eltern zu sein«, die Erziehungsaufgaben »richtig« zu lösen, »für das Schicksal der Kinder verantwortlich zu sein«, ist für manche Eltern, besonders für Eltern von Pubertierenden, enorm. Ein Druck, der sich aus mehreren Quellen speist: Da ist zunächst der eigene Anspruch »Aus meinem Kind soll was werden« oder sogar »Aus meinem Sohn oder meiner Tochter soll mal etwas Besseres werden«. Hinzu kommt »Er oder sie soll uns keinen Ärger bereiten, nicht von der Polizei nach Hause gebracht werden«, »nicht homosexuell werden«, »später auf jeden Fall eine Familie gründen«, »freundlich, hilfsbereit und aufgeschlossen sein«, »sich einmal durchsetzen können«, »in der Berufswelt behaupten« usw.

Verstärkt wird dieser Druck, wenn tatsächlich etwas nicht so läuft wie »geplant«: Wenn die Jugendlichen plötzlich im Zusammenhang mit Drogen aufgegabelt werden, die Schule nicht schaffen, sich mit »falschen« Freunden umgeben. Und dann gibt es auch noch die Nachbarn und Verwandten, durch deren »Aussprüche« sich Eltern unter Druck gesetzt fühlen: »Wie sieht deine Tochter denn aus?« und »Wie kannst du sie bloß so rumlaufen lassen?«

Neben Vorwürfen, die Eltern sich möglicherweise selber schon machen, erreichen sie natürlich auch die Vorwürfe ihrer Kinder: »Du meckerst uns immer nur an«, »Die anderen dürfen immer mehr als wir«, »Du hattest ja früher nie Zeit für uns, jetzt brauchen wir dich nicht mehr« oder »Du bist ungerecht«. Das sind Sätze, die das Gewissen der meisten Eltern, ob sie wollen oder nicht, belasten. Eltern fragen sich: »Bin ich zu streng?«, »Bin ich zu nachsichtig?«, machen sich Vorwürfe: »Hätte ich den Besuch der Party besser nicht erlaubt?«, »Hätte ich ihm vielleicht besser eine Ohrfeige gegeben?« oder »Warum musste ich wieder so ausflippen, ich hatte mir doch fest vorgenommen, nicht mehr so zu schreien?«.

Wer hat Schuld?

Wir hatten in einer Gruppe gleich mehrere Eltern, die sich große Vorwürfe machten, für ihre Jugendlichen, vor allem als sie noch jünger waren, zu wenig Zeit gehabt zu haben.

Andrea D. meldet sich, sie habe ihren jüngsten Sohn wohl zu viel allein gelassen. Er mache mittlerweile, was er wolle, schaue sich jeden Mist im Fernseher an, aber sie habe eben auch keine Zeit, das zu kontrollieren. Sie habe einfach arbeiten und Geld verdienen müssen, dennoch mache sie sich heute Vorwürfe, zu wenig für ihn da gewesen zu sein. Auch Balduin M. erzählt, wie vehement sein Sohn sich beschwert habe, als seine Frau voll berufstätig war und er immer mit der Oma allein war. »*Wir hatten ein Haus abzubezahlen, es ging nicht anders*«, fügt er entschuldigend hinzu und etwas resigniert: »*Wenn man es bemerkt, ist es häufig zu spät.*« – »Wer hat Schuld, wenn etwas nicht klappt?«

scheint sozusagen die Gretchenfrage in der Erziehung zu sein. Irgendjemand muss doch etwas falsch machen. Was liegt näher, als zuerst einmal in der Familie zu gucken? Viele Eltern, insbesondere Mütter, geben sich selbst die Schuld, etwa an den Auseinandersetzungen zu Hause: *»Wir überrollen die Kinder mit zu viel auf einmal, wir meinen, sie lebten in der gleichen Welt wie wir, dabei leben sie in einer anderen. Wir brechen einen Streit vom Zaun, weil wir nicht genug Geduld haben«* oder aber *»Ich bin schuld, wenn die Knöpfe am Jackett meiner Tochter nicht angenäht sind« – »Ich bin schuld, weil meine eigene Kindheit sich immer wieder dazwischenmischt.«* Nicht zu vergessen *»… wenn mein Sohn oder die Tochter die Schule nicht schafft.«* Andere belasten die in ihren Augen »missratenen« Kinder und werfen es ihnen vor, wenn sie nicht so sind, wie sie als Eltern es sich gewünscht haben. Ihnen allen sei nachdrücklich gesagt: Ebenso wie Erwachsene sind auch Kinder ganz unterschiedlich. Die eine Erziehungsmethode, die bei dem Älteren so gut geklappt hat, kann bei der Jüngeren völlig unpassend sein. Kinder sind Individuen und brauchen in bestimmten Bereichen eben auch unterschiedliche Behandlung, Anforderungen und Rücksichtnahmen.

»Erziehern und Erzieherinnen empfehle ich, es so zu halten wie ein Gärtner. Er schüttet nicht einfach einen Eimer Dünger und einen mit Wasser über seine Blumen. Er schaut sich die Pflanzen an, erkennt, wie sie beschaffen sind, und schneidet und behandelt sie so, wie sie es brauchen und es ihnen gemäß ist.«
(Nick Berk, Psychotherapeut)

Wer ist zuständig?

Die Mehrzahl der Eltern, die unsere Gruppen besuchen, sind Frauen. Die meisten von ihnen nehmen die Haupterziehungsaufgaben zu Hause wahr. Das heißt, sie tragen die Verantwortung, ganz gleich, ob sie mit oder ohne Partner leben. Mit anderen Worten: Läuft etwas schief, ist das ihre Verantwortung. Zumindest Außenstehende sehen das so, die Väter in der Regel auch. Simone L. und ihre drei Kinder sehen den Vater nur am Wochenende. Und dann geht es häufig rund. *»Wir haben uns während der Woche ganz gut alleine eingespielt, aber wenn mein Mann dann nach Hause kommt, glaubt er sich überall einmischen zu müssen. Und wehe, wenn etwas schief gegangen ist, dann kann ich mir das ganze Wochenende anhören: ›Ich mache die ganze Arbeit, schaffe das Geld ran und du kriegst noch nicht mal das mit den Kindern hin.‹«* Dazu kommt: *»Bei ihm spuren sie dann auch immer, wenn ich etwas sage, das wirkt nie so, wie wenn er zum Beispiel darauf besteht, dass unsere Tochter, die Vegetarierin ist, Fleisch essen muss. Dann macht sie das sogar!«*

Bei Vätern klappt scheinbar also alles besser. In diesem Fall selbst die Forderung von Gehorsam, der in die persönliche Entscheidungsfreiheit der Jugendlichen eingreift. Sie sind klarer, konsequenter, können sich besser durchsetzen, sind andererseits auch wieder weicher und die Jugendlichen können sich bei ihnen mehr erlauben. Allerdings gibt es dabei einen wesentlichen Unterschied: Väter haben mit dem Erziehungsalltag nach wie vor nichts oder nur wenig zu tun. Nur in der Pubertät wollen sie dann häufig vergangene Versäumnisse ganz schnell nachholen … Wie dem auch sei, ihre Rolle ist wichtig, nur bitte nicht als Elefant im Porzellanladen. Eine Erziehungsbeziehung muss sich entwickeln. Ein Vater, der sich sehr für die Belange der Kinder interessiert, sich dann aber über sie lustig macht, ist mindestens so problematisch wie einer, der sich nicht für seine Kinder interessiert, oder einer, der seine Frau in ihrem »Job« als Mutter entwertet. Wenn Väter ein Gespür für die Jugendlichen haben, sich aus echtem Interesse»einmischen«, so sind sie als Vorbilder für ihre Kinder gut und wichtig. Ebenso hat das Verhalten der Eltern untereinander Vorbildfunktion. Eltern, die sich in dem, was sie tun, gegenseitig achten und respektieren, vermitteln auch ihren Kindern Achtung und Respekt als Werte im Umgang miteinander, selbst wenn die»Früchte« dieser Saat manchmal nicht unmittelbar sichtbar werden.

Wenn Eltern nicht einer Meinung sind

Sigrid N. erzählt von einer Auseinandersetzung zwischen ihrem Mann und ihrem Sohn. Der Sohn habe angekündigt, dass er sich demnächst von seinem Taschengeld einen Fernseher kaufe. Ihr Mann sei strikt dagegen gewesen. Sie selbst sehe das nicht so eng. Die Diskussion zwischen den Männern sei dann eskaliert, sie hätten sich angeschrien und sie selbst habe so dazwischen gestanden. Sie habe schlichten wollen, konnte aber ihrem Mann nicht beispringen, weil sie nicht seiner Meinung war, und ihrem Sohn nicht, weil das ihren Mann noch mehr provoziert hätte.

Eltern müssen nicht einer Meinung sein. Es ist eher das Normale, dass zwei unterschiedliche Menschen auch unterschiedliche Vorstellungen haben. Wenn Kinder das mitbekommen, können sie davon profitieren zu sehen, dass es mehrere Möglichkeiten gibt, ein Problem zu lösen. Wichtig zwischen den Eltern ist, dass die Kompetenzen klar sind: Der Elternteil, der eine Diskussion angefangen hat, sollte sie auch zu Ende bringen, der andere sich möglichst raushalten. Ansonsten besteht die Gefahr, dass die Eltern gegeneinander ausgespielt werden.

Ist der zweite Elternteil anderer Meinung, kann er diese auch äußern. Das sollte er allerdings besser nicht tun, wenn ein Streit zwischen Vater oder Mutter und Jugendlichem gerade zu eskalieren droht, sondern sinnvollerweise erst hinterher, wenn sich die Wogen geglättet haben. Machen Sie sich nicht gegenseitig schwach, stützen Sie sich.

Zu Fehlern stehen

Ein für alle Mal gilt: Einen Sündenbock für Fehlverhalten und Fehlentwicklungen zu suchen oder der Streit darüber, »missratene Kinder« zu haben, entlastet vielleicht denjenigen, den es gerade nicht trifft, aber Nutzen bringen derartige Auseinandersetzungen und Schuldzuweisungen überhaupt nicht. Weder hat es Sinn, sich selbst zum Märtyrer zu machen, noch, die Kinder mit Vorwürfen zu überhäufen etwa in dem Tenor »Wie konntest du mir das antun …?« oder »Hätte ich nicht einen so missratenen Sohn, ginge es mir besser«. Schuldzuweisungen belasten den vermeintlich Schuldigen und führen auf jeden Fall in eine Sackgasse.

Es kann auch nicht Ziel sein, sich nicht »schuldig« machen zu wollen oder keine Fehler zu machen. Wer erzieht, macht Fehler, wer viel erzieht, macht viele Fehler. Situationen, in die Eltern Tag für Tag – häufig völlig unvorbereitet – gelangen, fordern ständig Entscheidungen, bieten ständig Möglichkeiten Fehler zu machen. Und Eltern fragen sich angesichts solcher Situation auch nach jahrelanger Praxis immer wieder: »Mache ich das jetzt richtig?« oder »Was wäre die richtige Lösung?«. Dabei geht es aber gar nicht um eine »richtige« Lösung der Erziehungsaufgaben, zumal es für die verschiedensten Aufgaben auch die verschiedensten Lösungen gibt.

Ein Vater von vier Kindern formulierte:
»Die normale Familie ist für die Wertevermittlung nicht das Maß aller Dinge. Für ein Problem gibt es oft zwanzig verschiedene gute Lösungen.«

Eltern sind Menschen, und Menschen machen Fehler. Aus Fehlern kann man lernen. Die Kinder erfahren dadurch vor allem, dass auch ihre Eltern nicht unfehlbar sind und die Eltern vielleicht wie sie die nächste vergleichbare Situation besser meistern können. Zunächst sind die Jugendlichen vielleicht enttäuscht, dass die Eltern so fehlbar sind, dass sie keine Götter sind. Diese Enttäuschung ist ein normaler Teil der Ablösung.

Fehler gehören dazu, und Eltern tun sich und ihren Kindern einen Gefallen, wenn sie die Aufforderung des Psychologen Rudolf Dreikurs, den »Mut zur Unvollkommenheit«, annehmen. Gemeint ist damit, dass sich Eltern selbst der Herausforderung des »Alles-richtig-machen-Wollens« nicht aussetzen. Dass sie stattdessen sich selbst mit ihren Fehlern akzeptieren und ihr Augenmerk darauf richten: »Wie kann ich mit einem Fehler umgehen?« Kinder und Jugendliche werden vor »Autoritäten«, die zu ihren Fehlern stehen können und daraus Konsequenzen ziehen, Achtung empfinden. Einmalige Fehler, für die Eltern sich bei ihren Kindern entschuldigen und über die sie mit ihnen reden können, führen nicht zu bleibenden Traumata bei den Kindern. Problematisch sind Fehler, die immer wieder gemacht und nicht aufgelöst werden.

Natürlich gibt es Schwierigkeiten, die das Verhältnis zwischen Eltern und Kindern sehr belasten. So erzählte Margit R., Mutter von zwei Söhnen, in der Gruppe: »*Es ist furchtbar, aber ich kann meinen ältesten Sohn Rudolf nicht riechen. Ich meine, ich liebe ihn natürlich, aber da ist irgendetwas zwischen uns, wie ein Brett.*« Um das zu verstehen, ist es vielleicht notwendig, die Geschichte des Sohnes zu kennen: Der Sohn war vorehelich und ungeplant zur Welt gekommen, und die Mutter hatte es nicht leicht gehabt, in der Schwangerschaft mit den Anfeindungen fertig zu werden. Sie hatte sich also immer bemüht, ihren Bauch zu verstecken. Die Missbilligung durch die Umwelt und ihre eigene Zwiespältigkeit in Bezug darauf, so früh Mutter zu werden, hatten es ihr schwer gemacht, den Jungen anzunehmen. Gleichzeitig machte sie sich schreckliche Vorwürfe, sich eingestehen zu müssen, dass eine Abneigung ihm gegenüber bestand, die nicht sein durfte. Es plagten sie Schuldgefühle, unverheiratet schwanger geworden zu sein und den Sohn nicht voll annehmen zu können. Über diese Schuldgefühle konnte sie bislang mit niemandem reden, mit ihrem Sohn schon gar nicht. Dennoch spürte er natürlich, wie sie innerlich zurückwich, sobald er in ihre Nähe kam, wie sie schnell das Thema wechselte, wenn er fragte: »*Liebst du mich eigentlich wirklich so wie den Martin?*« (den jüngeren Bruder). Was Frau R. »nicht riechen« konnte, waren ihre eigenen Schuldgefühle darüber, dass sie »ungewollt schwanger« geworden war und dass sie es gleichzeitig vor der Außenwelt hatte verstecken »müssen«. Rückgängig kann sie das nicht machen, aber sie kann es sich selber zugestehen und mit dem Sohn darüber reden. Das heißt nicht, ihre eigene Schuld bei dem Sohn abzuladen, um ihn zu belasten. Sondern es geht darum, etwas aufzuklären und ihm klarzumachen, dass es ihre Schwierigkeit ist, für die er keine Schuld trägt.

Ebenso können Eltern mit ihren Kindern darüber reden, dass sie zu wichtigen Zeiten eben keine Zeit hatten. Es ist nicht grundsätzlich zu spät. Die Jugendlichen sind noch eine Weile da, und es besteht immer noch die Möglichkeit zu sagen: »Weißt du was, wir nehmen uns jetzt mehr Zeit füreinander.« Auch wenn die Jugendlichen vielleicht zurzeit alles andere im Kopf haben als ein Tête-à-tête mit den Eltern: Zumindest signalisiert ein solches Angebot: Es tut mir Leid, ich kann es nicht mehr ändern, aber es gibt eine Gegenwart und eine Zukunft, von meiner Seite aus.

Irren ist menschlich

»*Was geb ich auf mein dummes Geschwätz von gestern?*« soll der erste deutsche Bundeskanzler Konrad Adenauer geantwortet haben, als er darauf aufmerksam gemacht wurde, dass eine seiner Aussagen nicht zu der des Vortages passte.

Mut zur Inkonsequenz bedeutet: Warum sollen Eltern, wenn eine Grenze falsch gesteckt war, wenn sie sich vertan haben, das nicht zugeben und ihre Meinung ändern? Eltern sind auch nur Menschen, und Jugendliche werden es schätzen, wenn sie sich ihnen nicht als unfehlbar verkaufen wollen. Eine ernst gemeinte Entschuldigung zollt den Jugendlichen Respekt und vermittelt die Bereitschaft, eigenes Verhalten auch in Frage zu stellen. Es ist eher ein Glücksfall, wenn Eltern auf Anhieb für ein Problem die richtige Lösung parat haben, und gelingt das mehr als einmal am Tag, dann sei das ein »Zaubertag«, für den sich Eltern abends unbedingt belohnen sollten – so der Familienberater Rogge.

Die persönliche Situation der Eltern

Der Ausspruch »Mir steht das Wasser bis zum Hals«, den wir so oder ähnlich immer wieder von Gruppenteilnehmerinnen hören, deutet häufig nicht nur auf wachsende Probleme mit den Jugendlichen zu Hause hin, sondern auch auf Probleme an allen möglichen anderen Fronten:

Eltern – in der Mehrzahl sind es Mütter – die zu uns in die Elterngruppen kommen, fühlen sich häufig sehr überlastet. Die alleinige Erziehung mehrerer Kinder unterschiedlichsten Alters, dazu die Berufstätigkeit, eventuell noch Schwierigkeiten mit dem Partner und die Pflege der kranken Schwiegermutter sowie vielleicht Angst davor, konsequent handeln und Streitfragen aushalten zu müssen, lassen erahnen, unter welchem, auch realem, Druck sie häufig stehen. Dazu kommen die persönlichen Schwierigkeiten, etwa dass Mütter in die Wechseljahre kommen oder Väter in die so genannte »Midlife-Crisis« – Eltern werden sich durch die Pubertät ihrer Kinder und deren erwachende Sexualität zuweilen schmerzlich ihrer eigenen körperlichen und sozialen Veränderungen bewusst. Spätestens jetzt sind nicht mehr sie es, die die Attraktivsten, Jüngsten Begehrenswertesten, unter der

Sonne sind. Ihre Haut wird schlaffer, die körperliche Leistungsfähigkeit geringer. Manche Eltern beginnen mit ihren Kindern um Attraktivität zu konkurrieren. Mütter gehen mit in die Disco, Väter messen sich körperlich, kaufen sich Lederklamotten oder suchen sich eine jüngere Partnerin. Für Eltern wirft die Pubertät ihrer Sprösslinge also in ganz besonderem Maße die Frage auf:»Wo stehe ich als Person, als Mensch dieser Gesellschaft, als sexuelles und soziales Wesen?«

Viele Eltern, gerade Frauen, haben Angst vor den leeren Kinderzimmern, der leeren Waschmaschine und dem leeren Esstisch. Gerade wenn ihr Lebensinhalt vorher ausschließlich aus der Sorge um die Kinder bestand. In den Vordergrund rückt dann auch eine andere Frage:»Wo steht unsere Partnerschaft? Wie wird es gehen mit unserer Beziehung, wenn die Kinder aus dem Haus sind? Was ist dann noch übrig?« Und Eltern tun gut daran, sich diese Fragen rechtzeitig zu stellen, möglichst bevor die Kinder das Haus verlassen haben. Auch ihnen steht ein neuer Lebensabschnitt bevor, und den gilt es, als Chance zu begreifen und zu nutzen. Was ansteht, ist das Wieder- und Neueinrichten der Paarbeziehung. Paare, die seit Jahren nicht mehr gemeinsam ausgehen konnten, Mütter, die sich nur für die Familie, sprich die Kinder,zuständig fühlten, und Väter, die größtenteils gearbeitet haben, werden eine größere Umstellung vor sich haben als Paare, die sich rechtzeitig»vorbereitet« haben, die vorher schon darauf geachtet haben, auch als Paar zu bestehen.

Wo können Eltern Halt finden?

»Irgendwie sind wir doch die Ge...« brachte eine Mutter in der Gruppe ihr Gefühl zum Schicksal ihrer Generation recht drastisch auf den Punkt. *»Früher mussten wir vor unseren Eltern kuschen, heute kuschen wir vor unseren Kindern. Wer versteht uns eigentlich, wer hilft uns, wenn wir mal nicht mehr weiter wissen?«*

Wir machen in jeder Gruppe zu der Frage »Wo finden Sie Ihren Halt?« eine Runde, und da kommen ganz unterschiedliche Antworten: Einige finden Halt bei ihrer Partnerin oder ihrem Partner. Manche Leute planen ganz bewusst Freizeitaktivitäten und zwar ausschließlich mit dem Partner oder der Partnerin. Besonders Frauen finden wichtige Stützen in Gesprächen mit anderen Frauen. Einige erinnern sich daran, wie ihre Eltern sich in ähnlichen Situationen verhalten haben. Wieder andere holen sich Rat von außen oder aus der Fachliteratur. Einige versuchen, sich in der Erziehungsarbeit mit ihrem Partner, wenn möglich, abzuwechseln. Wenn der eine nicht mehr weiter weiß, ist der andere dran. Einige sagen: Meinen Halt finde ich in mir selber. Andere sehen einen Halt in Gott oder sprechen von tiefreligiösen Gefühlen.

Hilfreich ist die Frage, was ich denn eigentlich für mich selbst und als Partnerin unabhängig von meiner Rolle als Mutter brauche. Eine halbe Stunde lesen, ab und zu ins Schwimmbad gehen, einen Abend mit dem Partner oder einen Kinobesuch mit einer Freundin? Es gibt eine Psychologenweisheit, die zwar schon älter ist, aber immer noch Gültigkeit besitzt: Nur wer etwas für sich tut, kann sich auch um andere kümmern. Eine ausgeglichene und fröhliche Mutter ist den Kindern tausendmal lieber als eine, der sie ständig anmerken, sie ist unzufrieden, ihr fehlt etwas. Dazu kommt: Eltern, die mit sich selbst etwas anzufangen wissen, können die Jugendlichen besser gehen lassen. Überlegen Sie, wie Sie sich die Zukunft sinnvoll einrichten können. Das schafft Ihnen eine Perspektive, und es erleichtert den Kindern sowohl das »Gehen« als auch ein unbeschwertes Wiederkommen.

Die Träume der Eltern

Für große Erheiterung sorgt immer unsere Schlussrunde am Ende einer Gruppe, nämlich wenn wir die Eltern fragen: »Und was sind Ihre persönlichen Pläne für die Zukunft?«

»*Ich wünsche mir mehr Zeit für mich*«, erzählen viele Mütter, gerade diejenigen, die mehrere Kinder erziehen. Andere sagen: »*Ich möchte noch ganz lange mit meinem Mann zusammen sein.*« Wieder andere planen, wieder in den Beruf als Lehrerin zurückzukehren oder eine Ausbildung als Homöopathin zu beginnen. Auch »*Urlaub, Sonne, Erholung*« stehen ganz oben auf der Wunschliste. Manche wollen in die Karibik auswandern. Es hat auch schon Gruppenmitglieder gegeben, die mit anderen einen Treffpunkt auf ihrer Reise mit dem Wohnwagen um die Welt vereinbart haben. Die Ablösungsbestrebungen der Kinder bieten auch Eltern neue Freiheiten. Sie können wieder mehr tun, wozu sie selbst als Erwachsene Lust haben. Sie können jetzt wieder mehr ausgehen, wieder allein verreisen. Es werden wieder mehr Stunden mit dem Partner möglich. Man muss nicht mehr Angst haben, dass plötzlich ein Kind in der (Schlafzimmer-)Tür steht. Nehmen Sie die befreienden Veränderungen wahr!

14. Kapitel

Erziehen — Wohin?

Ernährer und Gesetzgeber der nächsten Generation

Jugendforscher haben herausgefunden: Zwischen achtzig und neunzig Prozent der Jugendlichen bewältigen die Entwicklungsaufgaben.[55] Die amerikanische Psychotherapeutin Wendy Grant formuliert das etwas sarkastischer. Sie erinnert daran, »*dass die meisten jungen Menschen heranreifen, ohne das Elternhaus anzuzünden, sich der Mafia anzuschließen, Drogen zu nehmen oder mit sechzehn Jahren Kinder in die Welt zu setzen*«[56].

Und auch die Psychoanalytikerin Louise J. Kaplan findet Trost für Eltern schwieriger Jugendlicher: »*Die, die den größten Lärm und Ärger machen, entwickeln sich oft zu viel interessanteren Persönlichkeiten.*«[57]

Für manche Eltern ist das nur ein schwacher Trost. Denn was hilft es, eine interessante Persönlichkeit zu sein, die nicht in der Lage ist, sich ihre Brötchen selber zu verdienen? Selbst wenn aus den Kindern nicht gleich Tagediebe oder Mafiosi werden, so kennt fast jeder im engeren oder weiteren Familienkreis jemanden, der oder die nach eigener Auffassung oder nach den Vorstellungen der anderen »gescheitert ist«, »nichts geworden« oder es »zu nichts gebracht hat«. Worauf sich die Frage stellt, wozu es Kinder heute denn »bringen« sollen, wie das erwartete Ziel überhaupt lautet.

Was soll denn mal werden?

Oft klagen Eltern über die Perspektivlosigkeit ihrer Kinder. *»Aufstehen wozu?«* – *»Schule wozu?«* – *»Ich weiß doch sowieso nicht, was ich werden soll.«* – *»Wenn ich jetzt wüsste, ich wollte Schreiner oder Hebamme werden, ich krieg doch sowieso keine Stelle.«* So oder ähnlich lauten in manchen Familien die Standardsätze und einigen Eltern sind die Antworten auf solche Fragen auch mittlerweile ausgegangen. *»Was soll ich meinem Sohn denn sagen? Er hat ja Recht, die Arbeitslosigkeit wird immer größer …«* Aber nicht nur beruflich, sondern auch persönlich lauten die Fragen: *»Was wollen die Jugendlichen werden?«* und *»Was wollen die Erwachsenen, was aus ihren Kindern werden soll?«*. Eltern klagen oft, die Jugendlichen hätten kein Ziel vor Augen. *»Ich suche was, aber ich weiß nicht was«*, signalisieren viele. Und der ständige Wandel in der Gesellschaft mit seinen Anforderungen an Eltern und Erzieher wirft natürlich die Fragen auf *»Wozu, wohin sollen wir unsere Kinder eigentlich erziehen?«*, *»Welche Fähigkeiten werden in einigen Jahren, wenn unsere Kinder ›dran‹ sind, überhaupt benötigt?«*. Heute ist weder abschätzbar, welcher Beruf aussichtsreich und vielleicht sogar befriedigend für die zukünftigen Erwachsenen sein wird, noch weiß man, wie deren Wohnort oder deren Beziehungen aussehen werden. Für die meisten Mädchen und deren Eltern ist außerdem ganz klar, dass auch die Mädchen eine Ausbildung machen müssen, um sich später selbst ernähren zu können.

Flexibilität ist immer wieder das Zauberwort, und gemeint sind unter anderem Anpassungsfähigkeit und gleichzeitig Durchsetzungskraft. Aber wie erzieht man zu solchen abstrakten Handlungsmöglichkeiten, wenn gleichzeitig Fähigkeiten wie soziales Verhalten und Rücksichtnahme nicht unter den Tisch fallen sollen? Das scheint fast wie ein Widerspruch in sich. Zumal auch manche Eltern schon in der Situation waren, etwas nicht zu wissen, sich aber entscheiden zu müssen, um überhaupt handlungsfähig zu sein. Wolfgang K. zum Beispiel, Lehrer, Vater von vier Kindern, erinnert sich an seine eigene Berufsentscheidung: »*Ich kam freitags von der Bundeswehr nach Hause. Montags musste ich mich für ein Studienfach einschreiben. Sonntagabend habe ich noch nicht gewusst, welches Fach ich denn nehmen sollte. Wissen Sie, was ich gemacht habe? Ich habe gewürfelt.*«

Entscheidungen treffen zu können ist eine wichtige Fähigkeit, zum Beispiel wenn drei Partys am selben Tag angesagt sind: »Wo gehe ich hin?« Eine gute Übung, dass nicht alles auf einmal geht ...

Was heißt »erwachsen«?

Natürlich sollen die Kinder erwachsen werden, anständige Menschen, die ihr Auskommen haben, nicht mehr allzu viel Blödsinn im Kopf haben und auf die man sich verlassen kann. Nur was ist das, »Erwachsen-werden«, und vor allem: »Wie kommt man dahin?«.

Für Eltern heißt das in erster Linie, dass die Kinder lernen sollen, für sich selber zu sorgen, in ferner Zukunft ein eigenständiges Leben zu führen, ihr eigenes Geld zu verdienen und sich vielleicht auch irgendwann um sie zu kümmern, für sie da sein. So oder ähnlich sind vielleicht die Vorstellungen der Eltern.

Für Nina, eine junge Rapperin bedeutet Erwachsensein: »*Verantwortung übernehmen zum Beispiel. Und: Erwachsensein ist, die Freiheit, die man als Kind hatte, zurückzugewinnen. Mit dem Unterschied, dass man als Kind denkt, dass sich die ganze Welt um einen dreht. Als Erwachsener erkennt man, dass es auch noch die anderen gibt. Und dass man mit denen nach bestimmten Regeln umgehen muss. Auch wenn es sehr gute Freunde sind.*«[58]

Nina ist mit ihrer Definition gar nicht weit entfernt von der Vorstellung der Psychoanalytikerin Louise Kaplan. Sie formuliert die Bestimmung der Jugendlichen etwas abstrakter: So sei deren Aufgabe, »Ernährer und Gesetzgeber der nächsten Generation« zu werden. Nach ihrer Auffassung sind Jugendliche so flexibel wie niemals mehr später in ihrem Leben, und das bedeutet: Die Adoleszenz ist eine Chance, alles scheint machbar und vieles ist machbar. Jugendliche sind bereit, Gelerntes zu prüfen und sich für Neues zu entscheiden. Nie wieder seien wir Veränderungen so zugänglich wie in der Jugendzeit. Jeder Erwachsene weiß, wie schwer es manchmal fällt, sich von Gewohntem zu lösen und eine Tätigkeit, die man zwanzig Jahre immer in einer gewohnten Weise verrichtet hat, plötzlich anders zu machen. Wie absurd erscheinen manchmal Gewohnheiten, eine Tasse immer an einen bestimmten Platz in den Schrank zu stellen, immer denselben Weg zur Arbeit zu gehen, obgleich es noch zwei andere gibt, immer auf demselben Stuhl am Esstisch Platz zu nehmen. Auch in Beziehungen gerät man immer in dieselben Auseinandersetzungen, obgleich man weiß, dass sie zu nichts führen. Eine Änderung fällt schwer, selbst wenn man die Notwendigkeit einsieht oder einem das Alte, Gewohnte sogar große Probleme bereitet.

Ein Bild für die Vielfalt der Möglichkeiten an der Schwelle zum Erwachsenwerden und die Chance, die darin liegt, liefert der Ritus der Navajo-Indianer, in dem sich junge Mädchen mit einer mythischen Heldin identifizieren. Bislang Gelebtes wandelt sich und wird in einen größeren Zusammenhang gestellt: Im Kinaldaa-Ritus der Navajo wird jedes Mädchen zur »Changing Woman«, zur »Frau, die sich verändert. Sie kleidet sich und tanzt wie sie. Sie wird zur Erde, zur Macht und Fruchtbarkeit in allen Dingen. Sie wird zur Verkörperung der aufrechten Fortbewegung, des Wachstums der Erde bis in den Himmel. In ihrem Sein vereinigt sie Sonne und Mond, die glühende Sonne mit dem kühlen Wasser«[59]. Übergeordneter Sinn dieses Ritus ist, dass die Initiation nicht nur der Einzelnen, sondern »der Gesellschaft insgesamt und dem gesamten Kosmos zugute kommt.« Ernährer und Gesetzgeber der nächsten Generation – ein hehres Ziel. Der Psychologe Stanley Hall formuliert es noch poetischer: Jugendliche sind für ihn die »großen Enthüller der Menschheitsvergangenheit und die großen Propheten der Zukunft«. Da stellt sich für manche Eltern die Frage: Wie wird aus einem pickeligen, »unflätigen« 14-Jährigen, der fast ausschließlich mit sich selbst und seinem Äußeren beschäftigt ist und eben selbst noch mit dem Entleeren des Mülleimers Schwierigkeiten hat, ein »Ernährer und Gesetzgeber der nächsten Generation«, ein »großer Prophet der Zukunft«? Kaplan sieht als Bedingung, dieses Ziel zu erreichen, dass »*jeder Jugendliche als erstes das Problem lösen muss, wie er aus einem Leben der unbegrenzten Möglichkeiten zu einem Leben realer Möglichkeiten gelangt*«, also mit anderen Worten, auf den Teppich zu kommen.

Der 16-jährige Autor Benjamin Lebert lässt seinen Helden Janosch eine Gebrauchsanweisung fürs Leben in der Jugendzeit entwerfen: »*Man muss immer auf der Suche nach dem Faden bleiben. Die Jugend ist ein einziges großes Fadensuchen.*«[60] Für Lebert liegt der Faden im Hier und Jetzt, vielleicht im nächsten Zug nach München. Und die Schülerin Jenny hat einen Tipp, wie das »Fadensuchen« gehen könnte: »*... dass man erst das Naheliegende gut macht, bevor man nach den Sternen greift.*«[61] Womit sie ganz deutlich zu verstehen gibt, dass es einen Unterschied zwischen Ideal und Realität gibt. Und diesen gilt es wahrzunehmen. Dann können wir mit den normalen Enttäuschungen im Leben fertig werden. Wenn wir es schaffen, unsere Träumereien mit unseren Fähigkeiten und dem, was machbar und möglich ist, zusammenzubringen. Träume und Ideale sind ein wichtiger Motor. Sich vorzustellen, was machbar wäre, beflügelt. Eine Relativierung stellt sich später durch gemachte Erfahrungen wie von selbst ein. Aus dem Land der tausend Möglichkeiten kommt Bill Gates, der sich mit der Computer-Software-Firma »Microsoft« buchstäblich vom Tellerwäscher zum reichsten Mann der Welt hochgearbeitet hat. Seine Empfehlung:»*Das Wichtigste ist, dass wir unseren Kindern vermitteln, dass sie eine glänzende Zukunft mit glänzenden Möglichkeiten vor sich haben.*«[62]

Jugend und Gesellschaft

Ex-Bundespräsident Roman Herzog betont die gesellschaftliche Verantwortung derjenigen, die Arbeit haben. In einem Artikel über die Jugend klagt er die heutigen Erwachsenen ob ihrer fehlenden Bereitschaft, Jugendliche zu fördern, an:»*Junge Menschen haben heute weniger Einflussmöglichkeiten. Sie haben weniger Rückhalt bei den Älteren. Sie ziehen im demokratischen Verteilungswettkampf den Kürzeren. Beim Entdecken des Neuen erleben sie Ältere nicht als Helfer, sondern als Bremser. So geraten sie in eine strukturelle Verliererposition.*«[63]

Seiner Meinung nach steht den Jugendlichen im Wortsinne die Welt offen, sie haben eine bessere Ausbildung, und häufig eine bessere materielle Ausgangsposition. Das Problem ist:»*Es werden ihnen nur wenige Stühle freigehalten.*« Herzogs Plädoyer gilt einer Erziehung, die dazu anleitet, Verantwortung zu übernehmen. Soziale Kompetenz sei in Familie, Schule und Betrieb lernbar. Das bedeute aber, dass Jugendlichen Pflichten übertragen werden, dass sie auch mit den schwierigen Seiten des Lebens konfrontiert und nicht vom realen Leben abgeschottet werden. Dass sie nicht denken»Das Geld kommt aus der Wand«, wie ein Jugendlicher meinte, der seine Mutter nie arbeiten, aber häufig zum Bankautomaten gehen sah.

Vertrauen und Zutrauen sind dabei wichtig. Wenn Eltern Heranwachsenden angemessene Pflichten zumuten, ermutigen sie sie damit und schaffen ihnen die Möglichkeit, Erfolgserlebnisse zu haben. Der Jugendforscher Klaus Hurrelmann ist der Auffassung, dass die meisten Kinder heute durch viel komplizierter gewordene Lebensumstände und Anforderungen »kleine Erwachsene« sind. Er zieht daraus folgende Konsequenz:

> »*In allen ihren Lebensbereichen sollten Kinder Selbstbestimmungsmöglichkeiten erhalten. Daneben müssen – unter Beteiligung der Kinder – neue und zeitgemäße Formen des Jugendschutzes entwickelt werden. Sie dürfen nicht entmündigen, sondern sie sollten die Persönlichkeitsentwicklung stützen und stärken.*«[64]

In der 12. Shell-Studie »Jugend 97« wurden unter anderem achtzehn Jugendliche befragt, die sich in irgendeiner Form sozial, gesellschaftlich oder politisch engagieren. »*Nicht einfach auf dem Bau arbeiten oder im Büro rumzusitzen, sondern mal anderen Leuten helfen. Denn dadurch erreicht man vielleicht sogar auch was, zum Beispiel anderen Leuten unbemerkt zu helfen*«, sagt z.b. der 18-jährige Berufsfachschüler Daniel.

Sie hört sich bieder, konservativ und auch schwer durchsetzbar an, die Formel von der Übernahme von Pflichten. Aber andererseits erfährt man sein Leben nur dann als sinnvoll, wenn man eine Aufgabe hat, in der man sich wichtig erlebt. Manche Jugendliche haben zum Beispiel in ihrem Zivildienst ein »Aha-Erlebnis«. Frauke K. erzählt von ihrem Sohn Peter: »*Er hat sich hauptsächlich um ein geistig behindertes Mädchen gekümmert, die er gefahren und betreut hat. Das hat ihn sehr verändert. Allein schon die Feststellung, dass er das kann und gut macht und sich da eine Beziehung entwickelt, die für beide Seiten, das Mädchen und für ihn, wichtig wird. Vielleicht könnte es mehr ›soziale Beschäftigungen‹ geben, die Jugendliche auch schon vor dem 18. Lebensjahr ausführen können.*«

Was können Eltern tun?

Die Jugendzeit ist heute keine kurze Übergangszeit mehr, sondern ein längerer Lebensabschnitt für Jugendliche und Eltern. Er zieht sich über mehrere Jahre hin. Und daran sind nicht die Jugendlichen schuld, sondern es liegt unter anderem an längeren Schul- und Ausbildungszeiten. Für Eltern und Kinder bedeutet das, salopp gesagt, noch länger an »Mamas Rockzipfel« zu hängen bzw. den Eltern »auf der Tasche zu liegen«, nach dem Motto: »Wenn meine Tochter mich zum Tee einlädt, dann überlege ich gleich, wie viel mich das wohl kosten wird«.

Was machen wir mit der Sinnfrage? Was sagen wir den Jugendlichen denn auf die Frage: »Wozu bin ich überhaupt?« Auch ein Gefühl für die eigene Identität erlangt man nicht auf einen Schlag. Auch dafür bedarf es kleiner Schritte und großer und kleiner Fragen: »Was wünsche ich mir?« – »Was kann ich?«; »Wie bin ich?« und »Wie möchte ich sein?« Solche Fragen kann man mit den Jugendlichen besprechen. Und diese Sinnfragen machen Sinn. Wenn ich weiß, wofür ich etwas tue, habe ich meinen Platz über das Hier und Jetzt hinaus, was Jugendlichen ebenso wichtig ist wie Erwachsenen, selbst wenn sie in anderen Bereichen auf »Befriedigung pur« pochen. Die Wahrscheinlichkeit, dass sich unsere Kinder über die lästigen Alltagspflichten beschweren, ist ungleich höher, als dass sie, an ihre häuslichen Pflichten gemahnt, artig »Ja, sofort« oder gar »Aber gerne« antworten: *»Man hat keinen Bock zu helfen, lieber macht man was anderes. Aber ich find schon, man sollte helfen. Ich soll zum Beispiel samstags Blumen gießen und Staub saugen, aber ich vergesse das immer.«* (Judith, 12 Jahre) *»Kinder und Jugendliche sollten Pflichten wie Tisch decken und abräumen und das eigene Zimmer in Ordnung halten übernehmen. Die Eltern sollten dann lediglich sagen: ›Von Montag bis Dienstagabend muss das Zimmer aufgeräumt sein. Du kannst dir das jetzt überlegen wann du das machst, aber es muss gemacht werden‹.«* (Jakob, 13 Jahre)

Besonders Toleranz fordert der Kinder- und Jugendanalytiker Donald W. Winnicott für den Umgang mit der Jugendzeit selbst. Damit meint er, dass Eltern die »Stagnation« tolerieren, was heißt, dass es eben manchmal nicht schneller geht, es keine »Vitamintabletten« gegen die Pubertät gibt. Aber die Eltern selbst sollen den Jugendlichen aktiv begegnen, sie einbinden, sie ermutigen und ihnen Verantwortung übertragen. »Guck auf die Vielfalt und verliere dich selber nicht« ist ein Lebensgrundsatz, den der Psychotherapeut Nick Berk Jugendlichen mit auf den Weg gibt. Das erfordert immer wieder hinsehen, sich umgucken, flexibel bleiben und mit einem stets sich wandelnden Weltbild zu leben. Ihre Erfahrung im Umgang mit Jugendlichen bringt eine dreifache Urgroßmutter auf den Punkt: »Liebe, Freundschaft und Vertrauen sind das Wichtigste, was Eltern ihren Kindern in dieser Zeit entgegenbringen können. Aber gleichzeitig sollten zwischen den Generationen auch klare Grenzen eingehalten werden. Den Jugendlichen in ihren Vorhaben Mut und Unterstützung anbieten. Im Dialog bleiben mit den Jugendlichen ist die einzige Chance, ihnen Halt zu bieten.« (Annelie Z., 87 Jahre)

Auf diese Weise geben wir unseren Kindern einen Halt, von dem aus sie selbstständig agieren können – ohne unsere Hilfe eben.

Kinder und Jugendliche brauchen ihren Raum, in dem sie sich frei bewegen können. Dieser Raum muss entsprechend der Entwicklung der Jugendlichen erweitert werden. Aber er muss auch ganz klar begrenzt sein, als Halt und als Orientierung. Mit den Freiheiten sollten auch die Pflichten erweitert beziehungsweise das zunehmende Verantwortungsbewusstsein gestärkt werden. Dafür gibt es keine Schablonen. Das muss individuell auf die Situation und die Personen abgestimmt sein. Die Jugendlichen brauchen Partner, die sie begleiten. Das sind die Eltern, es können aber auch Verwandte, Bekannte, andere Jugendliche sein. Von Eltern ist gefordert, dass sie ihre Kinder annehmen, wie sie sind, dass sie gesprächsbereit sind und ihnen etwas zutrauen: »*Eltern sollten für ihre Kinder da sein. Sie sollten ihnen Vertrauen schenken, ihnen zuhören und ihnen das Gefühl geben, dass sie zu Hause immer einen Platz haben.*« (Judith, 19 Jahre) Langmut und Souveränität sowie Beweglichkeit, Bereitschaft zu diskutieren und das eigene Handeln zu überdenken sind wichtige Eigenschaften, die unabdingbar eine innere Festigkeit der Eltern selbst voraussetzen.

Das hört sich an, als müssten Eltern unfehlbar sein. Müssen sie nicht. Zugegeben, die Anforderungen an Eltern sind heute ungeheuer hoch, eben weil es weniger Vorgegebenes und Festgefügtes gibt, nicht nur für die Jugendlichen, auch für die Eltern. Eine moderne Tätigkeitsbeschreibung für die ideale Erziehung Heranwachsender könnte etwa lauten: »*Modernes Management mit Herz und Fehlern*«, wobei die Betonung durchaus auf den »Fehlern« liegen darf!

»*Der wichtigste Familiengrundsatz: Über jedes Problem lässt sich reden.*« (Julia, 15 Jahre und Sebastian, 19 Jahre alt)[65]

Anmerkungen

1 Platon, Politeia (Staat), Buch VIII, 562e ff.
2 aus: Stern-Millenium Nr. 2, 1999
3 vgl. Kaplan, S. 58
4 Rousseau, Emile oder Über die Erziehung
5 aus: Media Spectrum, 9. Sept. 1992, Nr. 4878
6 Kaplan, S. 19
7 Winnicott, Familie und individuelle Entwicklung, S. 118
8 Dolto, Von den Schwierigkeiten erwachsen zu werden, S. 147
9 Freud, VII, S. 22
10 Kaplan, S. 37
11 s.a.: Bien, Familie an der Schwelle zum neuen Jahrtausend, Opladen 1996
12 Kaplan, S. 12
13 Winnicott, 1984
14 Die gleiche Feststellung äußern Schnack und Neutzling in ihrem Buch »Die Prinzenrolle«
15 Der Spiegel, Nr. 28, 1999
16 Ariès, Geschichte der Kindheit, S. 559
17 Kühnel, Raffauf: »Du bist genau wie deine Mutter«, 26. Feb. 1996, WDR 5
18 Kaplan, S. 414
19 Boßbach, Raffauf, 1998
20 Roeder interviewte 132 Paare. Die Männer waren zwischen 17 und 52 Jahre alt und stammten aus allen Bevölkerungsschichten.
21 Kaplan, S. 11
22 Kaplan, S. 35
23 Gordon, Familienkonferenz
24 Kölner Stadt-Anzeiger, 10. Aug. 1999
25 Kaplan, S. 128
26 Kaplan, S. 178
27 Kaplan, S. 34

28 Aus: Kommentar Allgemeine Schulordnung, Pöttgen, Jekuhl, Esser, Wingen Verlag, gültig: 1999. s.a. Kommentar Allg. Schulordnung: Rombey, Deutscher Gemeindeverlag.

29 Der Spiegel, Nr. 42, 18. 10. 1999

30 Spiegel spezial, Erziehung, schwere Last. Hamburg 1997

31 Grundlagenstudie, Jugendschutz und TV-Erotik. Rheingold-Institut, Köln 1997

32 Die Woche/Forsa, Erhebungszeitraum: 9.–15.Juli 1999

33 S. Kaplan

34 Interviewausschnitt aus Rheingold: Jugendschutz und TV-Erotik, S. 29

35 BzgA-Studie:»Jugendsexualität '98«

36 Kaplan, S. 78

37 BzgA: Sexualität und Verhütung 1998

38 Rheingold, S. 40

39 Herpertz u.a.,»Bulimia nervosa beim männl. Geschlecht« in: Psychosomatische Medizin und Psychoanalyse 43. Jg. 1997

40 Praschl-Bichler, Kaiserin Elisabeth, S. 215 ff.

41 jetzt, Süddeutsche Zeitung, Mai 1999

42 Kaplan, S. 160f. und 336

43 Steiner-Adair in Flaake/King, Weibliche Adoleszenz

44 Brigitte-Dossier,»Pubertät« 2/92

45 Schnack/Neutzling zitieren Heinz Schepank S. 182. Reinbek 2000

46 s.a Schnack/Neutzling 2000

47 Schnack/Neutzling, Die Prinzenrolle. Reinbek 1993

48 Bundesamt für Statistik, Jahrbuch 1999

49 Brigitte-Dossier, 12/9

50 Emnid-Umfrage für den Spiegel, Juli 1999

51 Wilson Schaef in Raffauf 1998, S. 26

52 Bettelheim, Die symbolischen Wunden, S. 159

53 Schnack/Neutzling, Kleine Helden in Not, S. 9 ff.

54 Rogge, Pubertät, S. 110

55 Rogge, S. 142
56 Rheinische Post, 13. März 1999
57 Brigitte-Dossier, 12/92
58 Zitat aus DIE ZEIT, Nr. 39, 23. Sept. 1999 »Erst das Nahe,
    dann die Sterne«
59 Kaplan, S. 286
60 Lebert, Benjamin, Crazy, S. 131
61 aus »die Zeit«, siehe oben
62 17.10.1999 bei »Sabine Christiansen«, ARD
63 DIE ZEIT, Nr. 24, 10. Juni 1999
64 Neue Zürcher Zeitung, 25. 1. 1997
65 Spiegel Special, Erziehung, schwere Last. Hamburg 1997

Literatur:

Arlt, Marianne: Pubertät ist, wenn die Eltern schwierig werden. Herder, Freiburg 1992

Ariès, Philippe: Geschichte der Kindheit. dtv, München 1978

Arp, Claudia und David: Und plötzlich sind sie 13. 9. Auflage, Brunnen-Verlag, Gießen 1998

Asper, Kathrin: Von der Kindheit zum Kind in uns. dtv, München 1995

Bettelheim, Bruno: Zeiten mit Kindern. Herder, Freiburg 1994

Bettelheim, Bruno: Die symbolischen Wunden. Fischer, Frankfurt 1982

Boßbach, Christel/Raffauf, Elisabeth: Liebe, Sex und noch viel mehr. Südwest, München 1998

Dolto, Françoise: Alltagsprobleme mit Kindern und Jugendlichen. Quadriga, Weinheim/Berlin 1992

Dolto, Françoise, Dolto-Tolitch, Catherine: Von den Schwierigkeiten, erwachsen zu werden. Klett-Cotta, Stuttgart 1995

Dreikurs, Rudolf/Grey, Loren: Kinder lernen aus Folgen. Herder, Freiburg 1973

Erikson, Erik H.: Identität und Lebenszyklus. Suhrkamp, Frankfurt a.M. 1976

Flaake, Karin/King, Vera (Hg.): Weibliche Adoleszenz. 2. Auflage, Campus, Frankfurt 1993

Fülscher, Susanne: Nie mehr Keks und Schokolade. Kerle im Herder Verlag, Freiburg 1998

Gordon, Thomas: Familienkonferenz. 23. Auflage, Heyne, München 1970

Hesse, Hermann: Stufen. Ausgewählte Gedichte. Suhrkamp, Frankfurt a.M. 1976

Kaplan, Louise J.: Abschied von der Kindheit. 3. Auflage, Klett-Cotta, Stuttgart 1993

Kafka, Franz: Brief an den Vater. 25. Auflage, Fischer, Frankfurt 1997

Kast, Verena: Loslassen und sich selber finden. Herder, Freiburg 1991

Lebert, Benjamin: Crazy. Kiepenheuer und Witsch, Köln 1999

Liedloff, Jean: Auf der Suche nach dem verlorenen Glück. Beck, München 1998

Mednick, Fred: Rebellen ohne Führerschein. Beltz, Weinheim und Basel 1998

Miller, Alice: Am Anfang war Erziehung. Suhrkamp, Frankfurt a.M. 1980

Raffauf, Elisabeth: Mein Kind macht, was es will. Midena, Augsburg 1998

Raser, Jamie: Erziehung ist Beziehung. Beltz, Weinheim und Basel 1999

Rheingold-Studie: Jugendschutz und TV-Erotik. Qualitative Grundlagenstudie. rheingold, Institut für qualitative Markt- und Medienanalysen, Köln 1997

Roeder, Helgard: Mit einem Kind habe ich nicht gerechnet. Rowohlt, Reinbek 1997

Rogge, Jan-Uwe: Pubertät, Loslassen und Haltgeben. Rowohlt, Reinbek 1998

Rogge, Jan-Uwe: Kinder brauchen Grenzen. Rowohlt, Reinbek 1995

Rousseau, Jean-Jacques: Emile oder Über die Erziehung. UTB 115, Schöningh, Paderborn 1985

Schnack, Dieter/Neutzling, Rainer: Kleine Helden in Not. Rowohlt, Reinbek 1990 (überarbeitete Neuausgabe 8/2000)

Schnack, Dieter/Neutzling, Rainer: Die Prinzenrolle. Rowohlt, Reinbek 1993

Winnicott, Donald W.: Kind, Familie und Umwelt. 5. Auflage, Ernst Reinhardt Verlag, München, Basel 1992

Winnicott, Donald W.: Familie und individuelle Entwicklung. Geist und Psyche. Fischer, Frankfurt 1984

Angela Krüger, Hans Raffauf, Judith Ngo, Luzi Kahn, Jan Tellenbach, Judith Kersting, Alexandra Kaiser, Rainer Neutzling, Dr. Raymund Weyers, allen Eltern und Jugendlichen aus unseren Gruppen, Heiner, Jana, Luca und ganz besonders: Dr. Johanna und Hans-Joachim Raffauf.